"十三五"国家重点出版物出版规划项目

诺贝尔经济学奖获得者丛书
Library of Nobel Laureates in Economic Sciences

商品与能力

Commodities and Capabilities

阿马蒂亚·森（Amartya Sen） 著
李 酣 译

中国人民大学出版社
·北京·

致我爱的伊娃

前　言

阿马蒂亚·森（Amartya Sen）是牛津大学政治经济学德拉蒙德（Drummond）讲席教授，也是万灵学院（All Souls College）的研究员。他曾任伦敦经济学院（London School of Economics）、贾达普大学（Jadavpur University）、加尔各答大学和德里大学的经济学教授，以及麻省理工学院、加州大学伯克利分校、斯坦福大学和哈佛大学的客座教授。

森教授在社会选择理论、福利经济学、发展经济学、收入分配理论、公共选择理论和哲学等广泛领域出版了著作。他此前出版的著作有：《技术选择》（*Choice of Techniques*，1960）、《集体选择与社会福利》(Collective Choice and Social Welfare, 1970)、《论经济不平等》(On Economic Inequality, 1973)、《就业、技术与发展》(Employment, Technology and Development, 1975)、《贫困与饥荒》(Poverty and Famines, 1981)、《选择、福利与量度》(Choice, Welfare and Measurement, 1982)以及《资源、价值与发展》(Resources, Values and Development, 1984)。

1982年4月22日，森教授进行了第三次赫利普曼(Hennipman)讲座，延续了赫利普曼毕生工作所致力的、阐明经济学方法论的杰出传统。赫利普曼基金会感谢森教授将那次讲座的内容扩展成现在的这本书，在本书中他继续创新性地探讨了福利的概念基础。

D. J. 沃尔夫森（D. J. Wolfson）

序 言[*]

这本简短的专著，是根据我 1982 年 4 月在阿姆斯特丹大学的赫利普曼讲座的内容撰写的。这本小书的主要目的是展示一套有关福利经济学基础的相互关联的、关于个人福利和优势（advantage）评价的命题。我主张把重点放在功能能力（capability to function）上，也就是一个人能做什么，或者可以成为什么样的人，并反对那种可能更标准的观点。更标准的观点通常将注意力集中于例如在"实际收入"估计中所使用的富裕（opulence），或者集中于例如在传统的"福利经济学"表达中所使用的效用。富裕和效用所具有的

---

[*] 本书所标边码为英文原书相应页码。

作用可以从它们与福利和优势的间接联系中看到，特别是（1）富裕的因果重要性和（2）效用（具有幸福、欲望-满足和选择的各种形式）作为证据的重要性。

　　本书的两个附录提供了一些经验性材料来说明这一方法。附录 A 分析的是一些国际比较。附录 B 关注的是剖析印度经济中的性别偏见（即与男性相比，女性的福利和优势）。后一项研究引用了很多我与乔斯林·金奇（Jocelyn Kynch）在牛津经济和统计研究所所做的、由利华休姆信托基金（Leverhulme Trust）资助的一些联合研究工作。我要感谢研究所、信托基金和乔斯林·金奇，我还要感谢卡罗琳·怀斯（Caroline Wise）。怀斯打印了手稿，并跟踪记录了我自 1982 年 4 月以来很长一段时间里写的与赫利普曼讲座有关的各种零碎材料。我还收到了以下人员的有益评论和建议：苏迪尔·阿南德（Sudhir Anand）、朝日让治（Joji Asahi）、约翰·布罗姆（John Broome）、戴维·科拉德（David Collard）、卢卡·达格利亚诺（Luca d'Agliano）、罗纳德·德沃金（Ronald Dworkin）、迪特尔·赫尔姆（Dieter Helm）、拉维·坎布尔（Ravi Kanbur）、詹姆斯·米尔利斯（James Mirrlees）、约翰·米尔鲍尔（John Muellbauer）、德里克·帕菲特

序　言

(Derek Parfit)、伊恩·怀特（Ian White）和伯纳德·威廉姆斯（Bernard Williams），以及在1982年4月阿姆斯特丹的赫利普曼讲座之后，参加讨论的几位与会者。

最后，我要感谢赫利普曼基金会，感谢他们邀请我做1982年度的赫利普曼讲座，对此我深感荣幸。（我非常钦佩赫利普曼教授，也欣赏他的著作。）感谢基金会工作人员对我的严格要求以及给予我的适度压力，这促使我完成了这本专著。所以就有了呈现在大家眼前的这本书。

阿马蒂亚·森

1984年11月30日

目　录

第 1 章　利益、福利和优势 …………………… 1
第 2 章　商品及其使用 ………………………… 8
第 3 章　效用、欲望和幸福 …………………… 17
第 4 章　功能性活动和福利 …………………… 26
第 5 章　评价和排序 …………………………… 35
第 6 章　信息和解释 …………………………… 40
第 7 章　福利和优势 …………………………… 51
附录 A　一些国际比较 ………………………… 73
附录 B　福利、功能性活动和性别偏见：
　　　　印度的例子 ……………………………… 80
参考文献 ………………………………………… 103
人名索引 ………………………………………… 145
主题索引 ………………………………………… 158

第1章 利益、福利和优势

经济学的大部分内容都是关于商品和人之间的关系的,它研究人们如何安排商品的生产、如何建立对商品的控制、如何处置商品以及从商品中得到了什么。亚当·斯密(Adam Smith)的政治经济学研究的出发点是,"国家是否会更好或更糟地提供它有机会提供的一切必需品和便利"的计算。[①] 这个问题(以及与商品和人有关的问题)一直存在于经济分析中——无论是明确的还是隐含的。

与经济学的基本关注点密切相关的是如何判断一个人的利益和评价他的个人"状态"的问题。可以用

---

① 亚当·斯密(1776年,第1卷,第1页)。

许多不同的方法来理解一个人的利益和判断一个人是否做得很好。可以问各种不同但相关的问题：他富裕吗？他开心吗？他感到满足吗？他有很多自由吗？他能得到他想要的吗？他能做他想做的事吗？社会善待他了吗？他的生活过得好吗？这些独特的问题在特定的语境中有其特殊的关联性，同时每一个问题都有其自身的重要性。

公平地说，正规经济学对判断一个人的状态和利益的多个关注点并不是十分感兴趣。事实上，主题的丰富性常常被看作是一种尴尬。经济分析中有一种强大的传统，它试图回避多种区别，同时用一个衡量个人利益及其实现程度的简单测度来解决问题。这种测度通常被称为"效用"。

当然，效用一词也有它自身被功利主义者定义的含义。埃奇沃思（Edgeworth）、马歇尔（Marshall）、庇古（Pigou）、拉姆齐（Ramsey）和罗伯特森（Robertson）等功利主义经济学家非常严格地使用了它。这表现为将效用视为满足或幸福（与经典功利主义一致[①]），或视为欲望-满足（desire-fulfilment，与现代功利

---

① 边沁（Bentham，1789）提供了对古典观点的经典陈述。

第1章 利益、福利和优势

主义大体上一致①)。② 但是，在现代经济学中的许多方面，"效用"也有其他用途，代表着个人最大化（或被视为最大化）的任何东西，或仅仅代表一个人的福利或利益，而无论它是如何被评价的。这种不严谨的使用方式对经济分析产生了令人困惑的影响。数学表达方式的精确性与内容上显著的非精确性并行不悖。

我曾经尝试在其他地方讨论这些问题③，因此不需要在这里详细地讨论这个特定的问题。然而，值得强调的是，困难不在于将"效用"定义为"幸福"或"欲望-满足"这些效用的传统含义以外的东西。只要人们明确自己的用法，那么除了可能带来的不便之外，以自己喜欢的方式定义"效用"就不会有什么特别的错误。在一定程度上，真正的问题在于试图通过新定义的"效用"，将传统意义上对"效用"的已经确立和

---

① 例如，参见黑尔（Hare, 1981）。另见西奇威克（Sidgwick, 1874）。参见戈斯林（Gosling, 1969）对"快乐"和"欲望"的区别和各自关联所做出的说明性的分析。

② 传统上，功利主义经济学家采取的是效用的"满足"观点，并经常根据经验声称，这种解释往往与根据"欲望强度"得到的解释相吻合，即庇古（1952）所称的"渴望程度"（desiredness）。正如庇古（1952, 24 页）所说："可以公平地假定，大多数商品，特别是那些需要广泛消费的商品，就像食品和衣服一样是直接供个人使用的，都会被作为一种满足的手段而被需要，因此，人们对商品的渴求的强度将与它们预期产生的满意度成正比。"然而，弗兰克·拉姆齐（Frank Ramsey, 1926）对这种一致性表示怀疑，他强调了与效用的"欲望"性解释的更大相关性："我建议采用的理论是，我们寻求我们想要的东西，这可能是我们自己或其他人的乐趣，或者是其他任何东西，而我们的行动就像是我们认为最可能实现这一切的那样"（第 75 页）。

③ 森（1982a，特别是文章 2~4 和导言）。

已经做出辩护的关注，转变为一个还未确立和没有经过辩护的相似关切。此外，很难同时赋予效用几种完全不同的含义，从而使得它们在现实中可能会具有的隐含经验假设相互重合。

例如，一个人对自己的福利和选择行为最大化值的看法，都可以被称为"效用"，这都没有太大的困难。但是，如果这两者都被称为"效用"并被视为相同，那么这就隐含地假定，一个人总是最大化的东西确实是他自己的福利。这种令人困惑的效用用法与许多现代经济理论相吻合，可以说，这些理论倾向于把人看作是"理性的傻瓜"①，他们无法区分关于人们的幸福、人们的欲望、人们对自己福利的看法、人们的动机、一个人选择行为的最大化值等这些本可以完美区分的问题。

我的目的不是说，简化是永远没有道理的。如果排除简化的可能性，经济学——实际上甚至任何一门经验学科——都不可能成立。这一点涉及需要承认那些对当前的研究目的来说很重要的区别。在确认利己

---

① 关于这一观点的一种批判，参见森（1973b，1977a）。另外可参见赫希（Hirsch，1976）、赫希曼（Hirschman，1982，1984）、马戈利斯（Margolis，1982）、阿克洛夫（Akerlof，1983）和巴苏（Basu，1984），以及其他一些分析。

第1章 利益、福利和优势

主义、动机等各种不同概念的经济理论中，令人反感的实际上不是简化本身，而是所选择的特定的简化方式，其作用是对人类（以及他们的感情、思想和行动）采取一种非常狭隘的看法，从而使经济理论的范围和影响变得日益贫乏。

在这本专著中，一个人在选择背后的动机将被视为一个参数变量，它可能与追求自身利益相吻合，也可能与追求自身利益不一致。但这本专著的重点并不在于这样的行动或行为本身，而是在于判断一个人的利益，尽管这两个问题——行动和利益——显然是相互关联的。

我会大致区分两种看待一个人的利益和实现这些利益的方式，我将它们分别称为"福利"和"优势"。"福利"关系到一个人的成就：他的"存在（being）"有多好？"优势"指的是一个人拥有的真正机会，尤其是与其他人相比的机会。人们对机会的判断不仅仅是根据所取得的结果，因此也不仅仅是根据所取得的福利水平。一个人有可能拥有真正的优势，但仍然有可能"搞砸"它们。或者为了其他目标而牺牲自己的福利，而不是充分利用自己的自由来实现高水平的福利。优势的概念涉及一个人与他人相比的真正机会。获得福利的自由，要比福利本身更接近优势的概念。①

在这种语境当中，重要的是，不要以通常界定"机会"的有限方式来界定这一概念。例如，一所学校的大门是否正式向约翰开放（而不是约翰是否有经济能力通过这些门槛），或者——更有甚者——约翰是否能够上某所学校（但不是鉴于约翰的身体或智力缺陷，而是他是否有真正的机会利用那里的设施）。必须寻求一种更合理的优势观点。优势很可能被看作是一种"自由"类型的概念，但自由的概念必须是不偏不倚的。这个问题必须在本专著后面的章节内容中得到进一步探讨（第4~7章）。

在福利和优势这两个标题的每一个下面，都有许多可能的方法。例如，对效用的各种解释可以被看作是不同的福利表达方法（它们确实是以这些方式得到了体现）。但是，也有其他的、大不相同的分析福利的方法，例如，富裕或基本需求的满足。我将仔细研究这些不同的福利方法，也将提出一种备选方案。此外，还必须对优势的概念进行比较、对比、审查和评价等

---

① 我于1984年9月在哥伦比亚大学的杜威讲座当中（参见森，1985a），分析了"福利自由"（well-being freedom）的概念，并将其与"福利"（一种成就而不是一种自由）和"能动性自由"（agency freedom，根据所选择的目标判断的自由——可能不同于个人福利）进行了区分。

第1章 利益、福利和优势

类似的工作。

对利益的判断是一个与经济学有着非常广泛相关性的问题。当然，它是福利经济学的核心。它对于分析贫困理论、评价不平等、评判经济发展和衡量生活标准也是至关重要的。如果人们要分析歧视，例如种族劣势或性别偏见，也就无法回避这一概念。这对于描述性（descriptive）的实际收入比较理论和规定性（prescriptive）的公共政策理论都是必不可少的。[①]

鉴于在各种不同情况下，利益评价是相关的，我们不太可能得到某种单一的利益衡量标准，这种标准要优于所有其他标准，并适用于所有情况。这本专著的目的不是寻找这样一种神奇的测度，而是着重于澄清不同利益概念的作用和局限性，并填补利益评价以及优势与福利判断等概念工具中可能存在的重要空白。[②] 鉴于产生这些问题的背景中存在大量的实际问题，这种学术研究不仅具有理论意义，而且具有一些真正的现实意义。

[①] 例如，参见科尔姆（Kolm, 1969）、丁伯根（Tinbergen, 1970）、彭（Pen, 1971）、奥斯马尼（Osmani, 1982）、阿特金森（Atkinson, 1983）、林德贝克（Lindbeck, 1983），以及乔根森和斯莱斯尼克（Jorgenson and Slesnick, 1984a）。

[②] 我在森（1982a，第29～31页）和森（1980b, 1984a）中简要地分析了其中一些问题。

第 2 章　商品及其使用

在戈尔曼（Gorman，1956）和兰开斯特（Lancaster，1966）所开创的一种方法中，人们是从商品的特征来看待它们的。这些特征是所讨论商品的各种合意的性质。确保这些商品的数量，从而能够保证人们对相应特征的控制。例如，占有食物使其拥有者能够获得食物的各种属性，即它们可以被用来充饥、提供营养、给予人们饮食乐趣，并为社交聚会提供支持。[1]

然而，商品的这些特征并不能告诉人们可以利用

---

[1] 西多夫斯基（Scitovsky，1976），以及道格拉斯和伊舍伍德（Douglas and Isherwood，1979）主张我们用比主线理论更广泛的观点来看待商品的使用。也参见奇普曼、李希特和桑南夏因（Chipman, Richter and Sonnenschein，1971），兰开斯特（1971），戈尔曼（1976），以及迪顿和米尔鲍尔（Deaton and Muellbauer，1980）。

第 2 章　商品及其使用

这些属性做什么。例如，如果一个人患有寄生虫病，这使得他很难吸收营养物质，那么即使他可能与另一个人吃同样的食物，而该食物对他来说是足够的，他还是可能会遭受营养不良的折磨。[①] 在判断人们的福利时，将分析局限于人们拥有的商品特性是草率的。我们必须考虑人的"功能性活动（functionings）"。虽然商品的所有权是个人的事情[②]，进而拥有的货物的特性也是个人的事情，但这些特性的量化并不随拥有商品的个人的特征改变而变化。自行车被视为具有"运输"的特征，而且无论某个碰巧拥有自行车的人身体健全还是残疾，该特征都不会改变。在了解一个人的福利时，我们必须进一步讨论功能性活动，也就是说，一个人成功地利用他所掌握的商品和这些特征做成了什么。例如，我们必须注意，虽然拥有同样的一捆商品，但一个残疾人也许不能做到一个肢体健全的人可以完成的许多事情。

功能性活动是一个人的成就：他成功地做了什么

---

① 参见斯克里姆肖（Scrimshaw，1977）。关于这类变化在分配正义观念中的相关性，参见雅里和巴尔-希勒（Yaari and Bar-Hillel，1984，第 8～12 页）。
② 当然，也有一些共同所有权甚至是社会所有权的例子。在这种共同性的例子中，如果所有权不是共同的，但其使用却意味着如此（与家庭中一样），那么进一步地还有一个由多个成员单位控制的商品的内部分割问题。参见本书附录 B。

或将会变成什么。它反映了它实际上是那个人"状态"的一部分。人们必须把它与用来实现这些功能性活动的商品区分开来。例如，骑自行车必须区别于拥有一辆自行车。它还必须与功能性活动所产生的幸福区分开来。例如，实际上，骑自行车不能与从这种行为中获得的快乐等同起来。功能性活动既不同于拥有商品（以及相应的特性），它相对于后者是后验的（posterior），也不同于具有效用（以这种功能性活动所产生的幸福的形式），它在一种很重要的方式上相对于后者是先验的（prior）。

使用一些符号和设定可能会有助于我们的分析。如下所示：

x_i 表示个人 i 所拥有的商品向量；

$c(\cdot)$ 表示将商品向量转化为这些商品特征的向量的函数（不一定是线性的）；

$f_i(\cdot)$ 表示个人 i 的一种个人"效用函数"，反映了个人 i 实际可以利用商品的一种模式（从其所拥有的商品的特征向量中，生成一个功能性活动向量）；

F_i 表示个人 i 能够实际选择的一个"效用函数" f_i 的集合；

$h_i(\cdot)$ 表示与个人 i 实现的功能性活动有关的 i 本

人的幸福函数。①

如果这个人选择效用函数 $f_i(\cdot)$，然后利用他的商品向量 x_i，人们所获得的功能将会由向量 b_i 给定：

$$b_i = f_i(c(x_i)) \tag{2.1}$$

然后，他将享受的幸福是由 u_i 给出的：

$$u_i = h_i(f_i(c(x_i))) \tag{2.2}$$

向量 b_i 可以被认为是人的存在（being，例如，是否营养良好、衣冠楚楚、行动自如、参与社区生活）。那么，可以貌似合理地把福利看作是对这个 b_i 的一种评价，表明他正在取得的存在。

评价 b_i 的活动，可以被认为是对 b_i 集合的一种排序（ranking），当排序是完备（并且不具有排除数值表达的病态属性）的时②，评价工作将采取在每个 b_i 上附加一个标量值的形式，以表示这组功能性活动有多好——这是这些行为和存在的特定成就。

虽然 $h_i(\cdot)$ 也是一个标量值函数（同时 u_i 是一个

---

① 在这里，幸福被认为仅仅与功能性活动有关。也很容易使用其他论点重新定义它，例如，反映（比如说）从占有中获得的快乐（如果有的话）。还请注意，功能向量 b_i 可能不仅取决于这个人自己所拥有的商品的特性［如方程（2.1）中所假设的那样］，而且可能受到他人的功能性活动（如疾病可能会从一个人传播到另一个人）、公共卫生和医疗项目等的影响。

② 参见德布鲁（Debreu，1959，第 4 章）。例如，单元方格上的字典排序并不存在一种实数形式的表达方式。

实数），但我们不应该落入这样的陷阱，即假定 b_i 有多好（即福利的程度有多高）的评价必须由相应的 u_i 给出，而函数 h_i 只是告诉我们，具有功能性活动向量 b_i 的这个人有多高兴，但它并没有告诉我们这种生活方式有多好，甚至没有告诉我们 i 这个人自己认为这种生活方式有多好。无论幸福（happiness）是否为衡量生活美好程度的一个合理标准（这个问题将在第 3 章中进行讨论），评价一种生活和衡量在这种生活中产生的幸福是两种不同的活动。即使我们坚持认为幸福是衡量善（goodness）的唯一准则（这是我将要质疑的一种立场，但现在为了论证起见，我可以接受它），这两个活动在定义上也不会相同，而是根据一种特定的评价准则而变得相同。"我只看重幸福"是一个实质性（substantive）的主张（这是非常有争议的一种主张，但这是另一回事），而不是同义反复或一个符合逻辑的真理。

如果 $v_i(\cdot)$ 是个人 i 的评价函数，那么功能性活动向量 b_i 的值由下式给出：

$$v_i = v_i(f_i(c(x_i))) \tag{2.3}$$

到目前为止，我的注意力只集中在集合 F_i 中的一个效用函数 $f_i(\cdot)$ 上。对于一个给定的商品向量 x_i，

第2章 商品及其使用

对个人可行的功能性活动向量由集合 $P_i(x_i)$ 给出,即

$$P_i(x_i)=[b_i|b_i=f_i(c(x_i)),对于某个 f_i(\cdot)\in F_i] \quad (2.4)$$

如果此人对商品向量的选择只局限于集合 X_i,则由集合 $Q_i(X_i)$ 给出他的可行功能性活动向量:

$$Q_i(X_i)=[b_i|b_i=f_i(c(x_i)),对于某个 f_i(\cdot)\in F_i, 以及对于某个 x_i\in X_i] \quad (2.5)$$

给定一个人的个体特征 F_i(将特征转化为功能性活动)和他对商品 X_i["应得权益(entitlements)"]的控制,$Q_i(X_i)$ 代表了一个人在选择功能性活动方面的自由。[①] Q_i 可以被认为是给定这些参数时,个体 i 的"能力"。它反映了他所能实现的各种功能性活动("存在")的组合。

给定评价函数 $v_i(\cdot)$,当然可以描述他可能达到的福利的各种值,这由集合 V_i 给出:

$$V_i=[v_i|v_i=v_i(b_i),对于 Q_i 中的某个 b_i] \quad (2.6)$$

不能想当然地认为 V_i 中的最高值 v_i 必然会被选择

---

① 参见森(1981a)。

（当存在这样的最大值时），因为最大化自己的福利可能不是选择的唯一动机。考虑到其他可能的目标和可能的"义务论的（deontological）"要求（例如，与对他人的义务相关），一个非 v_i 的最大化的 b_i 可能在事实上被选中，这会在评价一个人的能力的时候带来额外的问题。

进一步的一个问题是，要判断一种"自由"类型的概念（就像能力的概念一样），很难用它的最高值元素的值来确定集合 Q_i 的值（即使该元素可以并且将被选择）。考虑拥有能力集 Q_i 的一个人，其中 b_i^* 是唯一的最大元素（就 v_i 而言），并且首先假设这个 b_i^* 实际上被选中，产生了福利 $v_i(b_i^*)$。现在假设除 b_i^* 之外的所有 b_i 向量都变得不可行（通过应得权益 X_i 或者效用 F_i 的下降）。但是，b_i^* 仍然是可以实现的，同时 $v_i(\cdot)$ 是不变的。这个人的福利，也就是 $v_i(b_i^*)$，将会保持不受影响[①]，但很难宣称他的"自由"是不变的。从一个重要的意义上说，他可以做的比以前能够做到的少，尽管他能做到的最好的事情完全没有改变。在第4~7章分别讨论福利和能力的评价问题时，我们

---

① 除非能够进行选择是一项重要的功能性活动，而且其本身也影响着人们的福利。我们将在第7章讨论这个问题。

第 2 章 商品及其使用

将会讨论这些有难度的议题。

我们以三个进一步的评论结束这一初步讨论。第一，如果人们认为快乐是一个相关的功能性活动，它是存在的一个有价值的方面，那么在一个功能性活动向量 f_i 中包含一种幸福的测度是明智的。在这种情况下，在方程（2.2）中定义的函数 $h_i(\cdot)$ 将采取向量 $b_i = f_i(c(x_i))$ 的一个特定分量的形式。

第二，正如加里·贝克尔（Gary Becker，1976，第92页）正确地指出的："近年来，经济学家越来越认识到，一个家庭实际上是一个'小工厂'[参见凯恩克罗斯（Cairncross），1958]：它将资本品、原材料和劳动力结合起来，以清洁、喂养、生殖和其他方式生产有用的商品。"把功能性活动看作是由家庭生产的"商品"，在某种程度上确实是有启发性的，但这种类比也可能产生误导，因为功能性活动是一个人的存在状态的一种特征，而不是一个人或家庭碰巧"生产"和"拥有"的独立的物体。活得更久，没有疟疾，或者不为出现在公共场合感到羞愧[1]，只能在非常有限的

---

[1] 亚当·斯密（1776，第351~352页）。亚当·斯密在这里讨论了对服装的不同要求，例如，为了实现同样的功能性活动（在公共场合不感到羞愧）等，这取决于社会习俗。关于这一点，参见森（1983e）。

意义上被看作是商品，而基于这种意义的正式结构不一定会对我们的目的有很大的帮助。这种类比提出的问题也可能并不总是特别恰当（例如，什么是"生产一单位那种商品所需的时间"[①]）。此外，许多功能性活动（例如，免受疟疾之苦）至少在家庭外部（例如，通过防治流行病的公共政策）与家庭内部"生产"的一样多。[②]

第三，必须强调的是，评价函数 $v_i(\cdot)$ 很容易成为一个基本上不完备的偏序。没有一个普遍的假设，认为总是可以对两种类型的生活的价值进行相互对应的排序。这并不是一种全有或全无的选择，一个人很可能能够将一个功能性活动向量排在另一个功能性活动向量之前，却不能够对每一对向量进行这样的排序。

在许多其他经济问题上，坚持完备性也是相当不合理的。同时，接受不那么雄心勃勃的偏序结构往往比坚持任意地完备所有偏序更有意义。可以用某种力量来论证，与完备排序的更严格要求相比，无论是福利还是优势，都很可能更自然地适合偏序的形式。

[①] 贝克尔（1976，第 6 页）。
[②] 虽然贝克尔的正规家庭生产函数体系对我们的目的不是很有帮助，但这并不意味着对那种方法的批评，因为他开发这种函数的动机是完全不同的（同时，我们不需要在这里关注对这个体系的评估）。

第 3 章　效用、欲望和幸福

在本章，我将给出效用、欲望和幸福的具体内涵，并将进一步探讨三者之间的内在关系。

我在第 1 章中提到，"效用"这一术语常被人们用来指代完全不同的东西，而且有一种新的——但现在被广泛使用的——惯例，也就是说，任何有价值的事物都被冠以这个具有多种用途的名称。但是，从某种程度上说，谨慎的功利主义思想家确实以更精确的方式使用这个词。然而，即使在功利主义的传统中，也有一些与"效用"一词有关的截然不同的含义，与此同时，关于"幸福"（或者"快乐"）以及"欲望-满足"的效用观，分别有着大量的文献。①

人们确实可以提出一个合理的理由，来把幸福或欲望-满足，或者两者兼而有之——认真地当作一个人的福利状况的指南。声称一个被病痛和穷困击垮的人状态良好的说法是很奇怪的，而把一个人的欲望全然被践踏说成是实现了高水平的福利，这也同样怪异。问题不在于这两种观点中任何一种是否都有一定的合理性——它们显然都有道理。真正的问题是，无论是幸福还是欲望-满足，是否都提供了一种普遍的，而不仅仅是在相当特殊的情况下才适用的福利分析方法（在后一情况下，经常缺乏说明它们的相关性的例子）？

我现在要讨论如何处理这个难题，但在此之前，我想简要地思考一种完全不同的效用分析方法，它在现代经济学文献中占有一定的突出地位。这与把效用只视为选择的实值（即数值）表述有关。② 如果一个人的"选择"函数（从每个可行集合中指定选择）具有

---

① 这种幸福观当然可以追溯到边沁（1789），并被埃奇沃思（1881）、马歇尔（1890）和庇古（1920）等学者广泛地运用在经济学中。西奇威克（1874）、拉姆齐（1926）、海萨尼（Harsanyi, 1976）、黑尔（1981）和米尔利斯（1982）等人，已经以各种形式发展了这种基于欲望的方法。这两种方法之间的冲突所涉及的一些问题已经由戈斯林（1969）、勃兰特（Brandt, 1979）、森（1980a）和 J. 格里芬（J. Griffin, 1982, 1984）进行了研究。

② 参见希克斯（1939，1981），他使用了一种先验（选择之前）的效用概念。

第 3 章　效用、欲望和幸福

内部一致性的某些特征（本质上是"收缩"和"扩张"的一致性的某种组合①），那么这个人的选择函数可以由一个二元关系表示，并且所有的选择都可以被看作是遵循这种二元关系的最大化。这种二元关系在现代经济文献中常常被视为"效用"，它遵循的是至少可以追溯到"显示性偏好"学派起源的一种方法（萨缪尔森，1938）。

作为一种方法，这会引起比它所能回答的更多的问题。这种选择的二元关系是否可能被视为对一个人的福利的反映，必须取决于选择背后的动机。② 人们根据自己的口味（和对个人福利的关心）选择茶或咖啡，与除其他因素外，要在注意到对他人的义务的情况下选择参加或者不参加罢工有很大的不同；与努力工作或者是出于同情或承诺而捐助慈善事业，也有很大的差异。③ 假设作为选择基础的二元关系（如果选择是足够一致的，从而能够产生这样一种二元表达）必须是

---

① 参见森（1971）和赫茨伯格（Herzberger，1973），另见霍撒克（Houthakker，1950）、阿罗（Arrow，1959）、李希特（Richter，1971）和铃村（Suzumura，1983）。

② 这也取决于策略性考虑对选择的重要性；参见赫利普曼（1980），他从这个视角对比了"帕累托最优性"和"维克塞尔式一致意见"等概念。也参见赫利普曼（1976，1982）。

③ 参见纳格尔（Nagel，1970）、森（1973b，1977a，1982a）、布罗姆（Broom，1978）、埃尔斯特（Elster，1979，1983）、赫希曼（1982）和马戈利斯（1982）。

一个人对自己福利的排序，这是一个巨大的简化。① 事实也是如此，福利的选择方法在人与人之间的福利比较问题上完全是错误的，因为人们并没有真正面对作为另一个人，或者生活在另一个年龄段或时代的情况下选择福利的问题。② 一种很难适应人与人之间的比较的方法，在证实福利的概念方面受到了严重的阻碍。③

出于这些原因，福利的选择方法实际上并非可行。但是，另外两种更经典和更合理的效用观点，即幸福和欲望-满足，确实是作为一种福利理论基础的重要候选方法。这两种方法中的任何一种必须面对的困难是另一种方法的说服力，或者至少是表面上的说服力。如果幸福对福利很重要，那么无论幸福与否，欲望-满

---

① 还要注意的是，作为选择基础的二元关系不一定是完全传递性的（非循环性是一个比传递性更弱的条件），除非有比二元性所要求的更严格的条件［参见森（1971）］。如果要将非传递关系解释为福利关系，那么它会带来一些额外的问题。但是，这些"技术上的"困难，最终要比将选择的二元关系作为对福利的反映这种选择背后的动机相关性这一更基本问题所带来的麻烦小得多。

② 这种"选择"当然可以是反事实的［参见海萨尼（1955）、苏皮斯（Suppes, 1966）、森.(1970a, 1979b)］，这些结果并非没有吸引力，但它们为实际的人际比较提供了一种相当有局限性的方法。参见伯格林（Borglin, 1982）。

③ 通过巧妙地将选择信息与明确定义的社会福利函数［"关注公平"和满足道尔顿（Dalton, 1920）的"转移原则"］相结合，乔根森和斯莱斯尼克（Jorgenson and Slesnick, 1984a, 1984b），以及乔根森、斯莱斯尼克和斯托克（Jorgenson, Slesnick and Stoker, 1983）已经能够推导出福利隐含的人际比较。他们的研究工作的内在动机，与其说是对福利的描述性比较，不如说是发展和探索了一个关于"考虑公平"的政策制定的一致性框架。也参见乔根森、劳和斯托克（Jorgenson, Lau and Stoker, 1980）。

第 3 章　效用、欲望和幸福

足都能成为一种可行的福利途径吗？如果欲望的满足是福利的核心，那么无论欲望实现与否，幸福都是一种合理的福利之道吗？我们不难构建这样一些例子，即完全依赖这一对概念（欲望-满足和幸福）中的一种或另一种——但不是两者同时——立即产生了一种令人反感的效用和福利观点。

这个我不想特别关注的特殊问题，指的是功利主义传统内部的"富有的窘境（embarrassment of riches）"。更严重的问题其实存在于其他地方，也就是说，存在于整个以效用为基础的方法的贫困中，而不是存在于它表面上的过度富足中。这两种效用观点都有双重特征：（1）完全以人的心理态度为基础；（2）避免直接提及人们自己的评价活动，即重视一种生活而不是另一种的心理活动。我把前者称为"物质条件忽视"，而把后者称为"评价忽视"。

一个营养不良、缺乏庇护和饱受疾病摧残的人，如果他已经学会了面对现实，并且学会了从小小的幸运中感受快乐，那么他的幸福或欲望-满足的程度仍然可能很高。一个人的物质条件不会体现在完全是从幸福或欲望-满足的角度来看的福利视野中，除非它们间接地被幸福或欲望的精神状态所覆盖。这种忽视由于人们在对生活价值的自我评价中对两种观点均缺乏兴趣而得到了强化。重视与渴望不是一回事,而欲望的力量受个人环境中的现实因素考虑的影响。价值也不一定反映在如果没有实现有价值的目标所导致的痛苦程度上。

对"可行性"和"实际可能性"的考虑是我们敢于渴望的东西和我们痛苦于没有得到的东西的影响因素。我们对我们实际得到的东西和我们可以合理地期望得到的东西的心理反应,可能经常涉及与严酷现实的妥协。穷困潦倒的人陷入乞丐的境地,脆弱的无土地劳动者在生存的边缘岌岌可危,过度劳累的家庭佣人夜以继日地工作,驯服和屈从的家庭主妇对自己的角色和命运心甘情愿,所有这些人都倾向于接受他们各自的困境。这种剥夺被平淡无奇的生存中必要的忍耐,在效用的程度上(反映于欲望-满足和幸福中)压制和压抑住了。

当我们关注的是人们之间的排序,而不是对同一个人的其他可能性的比较时,基于效用的福利和优势分析方法的局限性就会特别严重。如果一个人更渴望达到生活状态 A,而不是生活状态 B,而且对于生活状态 A 比生活状态 B 感到更快乐,那么就不难想象,

第 3 章 效用、欲望和幸福

这个人在生活状态 A 下的福利比在生活状态 B 下更大。此外，考虑一个人（称他为个人 1），他已经学会了不再怀揣过于雄心勃勃的欲望，而且很知足常乐。就拿一个例子来说，个人 1 在食物、衣服、住所、医疗照顾等方面比另一个人（称他为个人 2，在更乐观的环境中长大）被剥夺了更多权利，尽管如此，他还是比个人 2 更快乐，而且有更多的欲望得到了满足。然而，一点也不明显的是，个人 1 必须被视为拥有比个人 2 更高的福利水平，尽管从福利和欲望-满足的视角来看，都会建议这一排序。

追根究底，在抛弃以效用为基础的福利方法之后，必须注意到抛弃以效用为基础的方法的理由。这需要考虑到一个人的实际生活条件（物质的和精神的），也需要考虑到此人的评价活动（在实际或反事实情况下）超越了他的快乐或痛苦的范围，也超出了他真正想要的。在接下来的两章中，我们将更详细地研究这些问题，但在结束这一章之前，我想对基于效用的传统提出两个比我到目前为止所做的更为积极的评价。

首先，虽然功利主义分析传统有着"忽视物质条件"和"忽视评价"的双重缺陷，但它并没有受到采取一种被疏远的商品拜物教观点的影响，而一种将福利视为"富裕"的观点必定会如此。福利有时确实被看作是由一个人支配的商品（他有多"富有"）所反映的，这是以市场对商品和服务的控制来表示的"实际收入比较"的动机之一。作为一种获取利益的途径，这最终是一种对"福利"和"富裕"的混淆，也是对一个人的状态与他拥有的财产范围的混淆。

在许多情况下，聚焦富裕的方法很可能是非常有用的第一近似①，在第 6 章中，我们将从信息限制的角度来看待这个问题。但是，就我们真正关心的问题而言，福利根本不能与富裕相提并论。后者充其量不过是影响前者的因素之一。功利主义者——不管他们的其他局限性可能是什么——并不容易犯这一特定的错误，因为他们对人的关心，而不是对商品的关注，是根深蒂固的（正如上文所述，只要考虑到人的特征，它就有点偏离目标）。

其次，实际的快乐、痛苦和欲望作为福利指南的局限性，在功利主义学派的文献中得到了体现，而且有相当强大的传统，即系统性地引入"反事实"的考

---

① 例如，在分析诸如灾荒或广泛的营养不良等大规模发生和残酷的现象时，"应享权利"的概念（在描述性的而不是道德方面）可能是有用的，而商品控制（和它的变体）可能是首先要看的东西［参见森（1981a）、阿罗（1982）、德赛（Desai, 1984）、可汗（Khan, 1984）和拉瓦雷（Ravallion, 1985）］。

第 3 章 效用、欲望和幸福

虑，比如一个人在充分理解、冷静思考或理想条件下会想要得到什么。[①] 这种"理想化"本身有问题[②]，但是，在指出和强调发展一个更好的效用概念的必要性时，一些功利主义者已经提出了一些有价值的方向，这些方向与掌握复杂的幸福概念有关。即使我们拒绝功利主义，我们也决不能拒绝从功利主义道德哲学中获得的洞察力。

---

① 特别要参见黑尔（1976，1981）、海萨尼（1976）、米尔利斯（1982）和 J. 格里芬（1982，1984）。
② 参见森和威廉姆斯（1982，导言）。

第 4 章　功能性活动和福利

17　　在第 2 章中，我们讨论了商品、特征、功能性活动和能力之间的区别。可以说，一个人的福利最好被看作是这个人的功能性活动的一种指标。由于不同类别之间的区别对于进行这一类调查是相当关键的，因此我有理由比第 2 章中更多地讨论——并说明——这种区别。然后，我将会把功能性活动的方法与判断福利的其他方法进行比较，并对其优点进行评价。

考虑一下面包这样的商品。它有许多特征，其中之一就是产生营养。我们可以，通常也更有益处，将其区分为不同类型的与卡路里、蛋白质等有关的营养。除了提供营养的特点之外，面包还具有其他特征，例

第 4 章 功能性活动和福利

如,有助于人们组织提供食物和饮料的聚会,有助于满足社会习俗或节日的需要。对于处于特定时点的给定的个人来说,拥有更多的面包在某种程度上提高了一个人以这些方式运作的能力(例如,生活中不存在热量缺乏,娱乐他人,等等)。但是,在比较两个不同的人的功能性活动时,如果我们只看两个人所享用的面包(和类似的商品)的数量,就得不到足够的信息。将商品特征转化为个人功能性活动的成功取决于各种因素——个人的和社会的。就营养上的成绩而言,这取决于以下因素:(1)代谢率;(2)体型;(3)年龄;(4)性别(如果是妇女,是否怀孕或哺乳);(5)活动水平;(6)医疗条件(包括是否存在寄生虫);(7)获得医疗服务的机会和利用这些服务的能力;(8)营养知识和教育;(9)气候条件。① 就涉及社会行为和招待亲友的成功例子而言,其功能性活动将取决于以下方面的影响:(1)在所居住的社会中现行的社会习俗的性质;(2)个人在家庭和社会中的地位;(3)是否存在诸如婚姻、季节性节日和葬礼等其他场合的庆祝活

---

① 参见兰德、乌伊和斯克里姆肖(Rand, Uauy and Scrimshaw, 1984)。另见斯克里姆肖(1977)、苏哈特梅(Sukhatme, 1977)和斯里尼瓦桑(Srinivasan, 1983)。

动；(4) 与亲朋好友家的物理距离。

正如第 2 章所解释的，当 $c(\cdot)$ 是将商品转化为特征的函数时，个人 i 的实际功能性活动成就将取决于效用函数 $f_i(\cdot)$ 和商品向量 x_i 的选择，并由 $f_i(c(x_i))$ 给定。但是，也有人解释说，效用函数 $f_i(\cdot)$ 在一定程度上是一个从 F_i（效用函数的可行集）中进行选择的问题。此外，x_i 在一定程度上是个人在由收入、价格等因素给定的商品控制范围内的选择问题，这些因素将对 x_i 的选择限制在某一集合 X_i（"应得权益"）中。① 在这些或然性的情况下，人们可以选择的所有可供选择的功能性活动向量的总和是 Q_i，这反映了一个人的能力，即他可以通过选择实现的各种替代性功能性活动束。

在测定能力 Q_i 时，区分选择因素和非选择因素是很重要的。例如，一个人不能选择或不能很容易地改变他自己的代谢率，因此，一个代谢率高的人可能不得不接受一个相当"不利"的（在营养不足的情况下）效用函数 $f_i(\cdot)$ 的集合 F_i。但是在这个 F_i 范围内，通过营养知识、医疗保健等手段，也许还有更好的喂

---

① 特别参见方程（2.5）和（2.6）。

第 4 章 功能性活动和福利

养的空间。在制定政策时,我们必须清楚地将选择的要素区分开来,以便合理地配置资源。

在商品向量 x_i 的选择过程中也会出现同样的问题。人们在应得权益范围 X_i 中将有一些选择,尽管在特定情况下,这种选择很可能是非常有限的。[1] 除其他一些手段外,我们必须通过资源配置和政策制定来解决 X_i 和 F_i 中所反映的扩大选择范围的问题。[2]

我现在再回到这个阶段要面对的中心问题。使用功能性活动来反映福利的主张的依据是什么呢?基本上,这个说法建立在一个简单的事实之上,即一个人的状况有多好,必须取决于他的生活类型,以及他在"行为"或"存在"中所取得的成功。这项活动必须以某种方式,采取反映"行为"和"存在"的评价功能性活动向量的形式。[3]

是什么决定了评价这一问题,还没有得到更充分

---

[1] 例如,在不引入进一步因素的情况下,可能很容易用对"应得权益"的考虑来解释饥荒[参见森(1981a)],这在一定程度上——虽然不太经常如此——在解释地方性营养不良方面也是正确的[参见森(1984a)]。在分析发展和贫困时,重点关注收入数据的部分理由也在于此[参见帕特尔(Patel, 1965)、彭(1971)、菲尔茨(Fields, 1980)、卡克瓦尼(Kakwani, 1980)、阿罗(1982)、阿南德(Anand, 1983)、阿特金森(1983)、肖洛克斯(Shorrocks, 1983)、阿南德和坎布尔(Anand and Kanbur, 1984)、德赛(1984)和福斯特(Foster, 1984)]。

[2] 参见森(1984a)。

[3] 用方程(2.3)和(2.6)表示。

的解决，但在此之前，必须考虑到与竞争性理由的比较。为什么不是富裕，或者是个人对商品的控制呢？答案很简单明了：一个人的福利实际上并不是他有多富有的问题，而在我们面对各种个人或社会特征（例如怀孕时的营养需求、老年人的医疗需求或特定习俗的社会需求）的巨大人际变化时，这一点尤为重要，需要加以考虑。对商品的控制是一种实现福利终极目标的手段，但它几乎不可能是目标本身。不这样想，就落入了所谓的"商品拜物教"的陷阱——把商品本身视为有价值的东西，而不是因为它们帮助（以及在某种程度上帮助）了这个人而变得有价值。

为什么不是幸福或者欲望-满足呢？在上一章评价福利的效用方法的观点时，我已经讨论过这个问题。关于这一点还有更多的话要说，特别是关于其他侧重于功能性活动的方法的局限性更是如此。但是，回想一下主要的论点，效用方法（包括幸福和欲望-满足）受到"物质条件忽视"和"评价忽视"的双重缺陷的困扰。关于用功能性活动和效用作为反映福利的指标的竞争性主张，可以根据先前的论点进行评价。

效用观和功能性活动观之间的冲突可以通过这样

第4章 功能性活动和福利

一个例子来考虑,即个人1比个人2更快乐(或有更多欲望得到满足),尽管在功能性活动方面被剥夺了更多(例如,食物不足、营养不良或疾病)——两者都认为这些功能性活动是有价值的。在这种对比中,评价问题是一个核心问题。如果"感到快乐"或"渴望"和"价值"是一样的,那么这种对比将是不真实的。"更快乐"或有"更多欲望得到满足"与处于一种更有价值的存在状态是没有区别的。但是,评价是一种反思性活动,"快乐"或"渴望"在某种程度上不一定如此。一个贫穷、营养不良、在赤贫环境中长大的人,可能学会了接受半空的肚子,从小小的舒适感中获得快乐,渴望着合乎"现实"的东西。但是,这种心态并不能抹杀人们被剥夺的事实。它也不意味着这个人不会重视如果这种剥夺将会被消除的价值。如果认真考虑和分析这一可能性,他甚至可能在事前看到它的价值。[①]"评价忽视"强化了"物质条件忽视",从而使得福利的效用观从根本上体现出不足。

功能性活动观比效用观更容易实施,部分原因在

[①] 那些对"效用"的内容采取较少传统观点的功利主义者,例如莫里斯(1982)和哈蒙德(Hammond, 1982),他们自己表示有必要修改"完全代表……现有偏好的效用函数"[参见米尔利斯(1982,第69页)],尽管他们用来说明和为这一需要辩护的案例和论点与这里分析的案例有很大不同。

于它避免了过早的固定性。它将福利评价问题分为两个不同的(虽然不是独立的)部分,也就是(1)功能性活动成就的具体要求和(2)功能性活动成就的评价。在某些情况下,后者,即评价问题,很可能是微不足道的,这在普遍接受的有价值的功能性活动列表表明,一个束简单地"从向量上主导"另一个束时就会如此。在处理那些被剥夺了的、相对于他人福利的问题时,这种支配关系很有可能是成立的。许多被认为是"明显的"社会判断的直接性,就来自对支配地位的识别。[①] 但是,在其他情况下,可能会出现冲突,同时评价问题可能是一个相当重要的问题。

效用方法试图通过简单地将价值等同于幸福形式的或者欲望-满足形式的效用,从而避免评价问题。如果这种等同被拒绝(我认为应该如此),那么评价问题仍然未得到解决,必须作为一种独特的做法来面对。

值得强调的是,为了使得评价有内容,不一定要生成完备的排序。"所需的完备性"这种专断,对经济测度中的许多其他问题(例如个人间的比较、实际收入的指数化)产生了灾难性的影响,给我们在沉默不

---

① 务实的政治家们对待评价问题的怀疑论(有时甚至是恼怒)有一定的理由,因为它隐含着这样的信念,即支配性推理将涵盖大多数有趣的案例。

第 4 章　功能性活动和福利

语和喋喋不休之间提供了一个错误的选择。自然的偏序要么因为不完备而被抛弃，要么被迫形成任意的完备性，这就带来了不必要的困难。重要的是要认识到许多经济和社会关系本质上是片面的和不完备的。对福利的评价可以合理地被视为就属于这一类别。容易产生的一种情况是，虽然功能性活动向量 A 代表着比 B 或 C 更高的福利水平，但是后两者对彼此来说可能不会是可排序的。如果认识到福利的评价序可能有缺口，就没有任何不合逻辑或失败的东西。

如果人们接受了对评价活动的基本要求，那么对实用的评价方法进行探求就有了自己的地位（参见第 5~7 章）。在那个探求的过程中，人们可以充分利用诸如欲望的力量这些信息，以及先前被视为（以及被抛弃的）价值来源（而不是价值的信息线索）的其他参数。这是一个简单的区别，但是是值得加以说明，以避免一种并不罕见的误解。

为了清楚地显示这种对比，我考虑了评估价值恰好与欲望完全一致的特殊情况。我们现在可以区分以下两个命题：

---

① 参见森（1970a，1973a，1977，1984a），马将达和森（Majumdar and Sen，1976）。

（Ⅰ）"我看重 x，所以我渴望得到它"。

（Ⅱ）"我渴望得到 x，所以我看重它"。

本专著中正在形成的方法与（Ⅰ）完全一致，事实上，经常有足够多的欲望很可能（被观察者）视为价值的证据。但是，它不符合（Ⅱ），后者倾向于某一特定的功利主义方向。这种区别是基本的，而且这涉及渴望本身是否为一种评价，还是至少它本身是一种价值来源的问题。① 这一点可以被否认（事实上，在前面提出的论点中也是如此），同时又不否认欲望信息在提出潜在的——而且往往是隐含的——评价方面的相关性。

但是，我们在功能性活动的方法中最终关心的是评价。如果欲望-信息——和其他事物——被使用，而且确实有很充分的理由，那么我们就必须保持对它的衍生重要性以及或然性本质的关注。

---

① 这一问题在森（1985a）中做了进一步的讨论。

第 5 章 评价和排序

评价不同功能性活动,从而对整体福利进行排序的问题,引发了从基本问题到策略问题等一系列不同的问题。在讨论更实际的问题之前,我在这里先简要地讨论一些方法论方面的问题。

有些人会把整个福利排序的工作看作是纯粹主观的。实际上,在传统的福利经济学文献中,这显然是标准的观点。这一观点并不容易得到支持,实际上我认为这种纯粹的主观主义立场最终是可以被抛弃的。但是,在这本专著中,我将不会集中讨论这些基础性的问题[①],我将寻求尽快解决更实际的问题。然而,在考虑一些实际情况之

---

① 参见斯坎伦(Scanlon,1975,1982)、纳格尔(1980)和森(1985a)。

前，我们必须面对一些相当基础性的问题。

在福利的主观主义观点中，一个被人们更多讨论的方面是，允许在福利排序中存在人际变动：个人 1 认为个人状态 A 在福利意义上高于 B 的信念，可以始终与个人 2 认为 B 高于 A 的信念共存。出于这一思想，人们立即要问的问题是：如果把客观性的范围一直延伸到评价问题上，这种共存是否一定是不可能的？

我相信这个问题的答案是：否。这在很大程度上取决于关于客观性的说法是否必须被看作意味着福利的排序应该是完备的和唯一的。我认为，这并非福利排序背后是什么的问题，它毕竟是"主观性"问题的争论焦点，这应该是这些排序的性质的问题，即它们是完备的还是有偏的，它们是独立于位置的还是由位置决定的。如果"客观性的范围"指定的是一个偏序，即 A 和 B 都包含比 C 更高的福利，而不对 A 和 B 彼此排序，那么个人 1 认为 A 高于 B 的信念，以及个人 2 认为 B 高于 A 的信念，两者都符合客观的偏序。

此外，如果客观的判断（即使是完备的）被要求由位置决定，那么就有这种可能，即个人 1 可以自由地（实际上甚至被要求如此）选择将 A 置于 B 之上，而个人 2 则同时可以自由地（或被要求）选择将 B 置

第 5 章 评价和排序

于 A 之上。位置决定性问题是一个难题，我曾在事态的道德冲突背景中尝试着对此进行了讨论①，不过我不想在此探讨这个基础性问题。但是，我要指出的是，只有当位置决定性被否认，而且要求具备福利排序的完备性时，人与人之间的变化才必然被排除在外，因为需要与客观主义的福利观保持一致。

在这本专著中，我并不赞成客观主义的观点（虽然我确实认为客观性的范围一直延伸到了对福利的评价中），但我认为，客观主义观点并不一定会排除福利排序发生人际变化的可能性。② 这一命题的一个实际含义是，在比较福利的时候，无论我们是采取纯粹的主观主义立场，还是接受客观主义立场，都必须面对人际差异的问题。我们无法通过简单地选择功能性活动评价背后的一种或另一种观点来避免为人际变化腾出空间的需要。③

---

① 参见森（1982b，1983b，1985a）。
② 参见森（1983b）。
③ 这里可能值得注意的是，无论我们是否采用一种主观主义观点，福利排序的实际操作的结果都基本相同，但这也不意味着主观性或客观性的问题是"无价值的"或"无意义的"。正如约翰·麦基（John Mackie，1977，第 21～22 页）在评估价值的客观性或主观性没有任何区别的观点时所指出的那样："……当然，无论是否存在客观值，主观关注、评价活动或思维错误都应该以同样的方式继续进行。但是，这样说只是为了重申一阶和二阶排序的伦理标准之间有着逻辑上的区别：一阶判断不一定受二阶观点的真理或谬误性质的影响。但这并不是真的，这也并不意味着这两个领域之间没有任何区别。在其中一个领域，有一些东西可以用来支持和验证人们对事物的主观关注，在另一领域则没有。"

如果有几个这样的评价排序，那么对福利进行无争议的评价的范围就会受到这些排序之间实际变化程度的限制。假设ℙ是功能性活动向量的偏序或者完备排序的一个 m 集合，反映了可能提出的功能性活动的评价。当然，在包括更冷静的反思、对所涉问题的更充分考虑的进一步研究中，很可能会排除其中的一些赋值。① 那么，偏序或完备排序（P^1，…，P^n）中存留的 n 集合ℙ*必须得到分析。

ℙ*中的排序（偏序的或完备的）的交集将产生一个偏序 P^*，因此当且仅当 xP^iy 对于所有 $i=1$，…，n，P^* 将是可传递的，那么有 xP^*y。实际上它也可以给出一个完整的数值表示，在某些条件下甚至可以是"显而易见"类型的。②

举例说明，在图 5.1 中，如果 I^1 到 I^n 表示经过 x、对应于 P^* 的一系列"无差异"曲线③，则位于 AxD 上方的所有点都明显优于 x，位于 CxB 下方的所有点都明显

---

① 关于合理评估这种评价的范围，参见布罗姆（1978）、黑尔（1981）、斯坎伦（1982）、帕菲特（Parfit，1984）和威廉姆斯（1984）等一些近期的贡献。

② 参见马将达和森（1976）；也包括德布鲁（1954）、佩莱格（Peleg，1970）和李希特（1971），当且仅当 xP^*y 意味着 $f(x)>f(y)$ 时，$f(\cdot)$ 的表达是"显而易见的"。

③ 重要的问题不是同一条无差异曲线上的点必须彼此无差异，而是曲线之上的所有点必须是占优的，曲线之下的所有点必须是弱劣的。关于这一问题，参见里特尔（1950）。

第 5 章 评价和排序

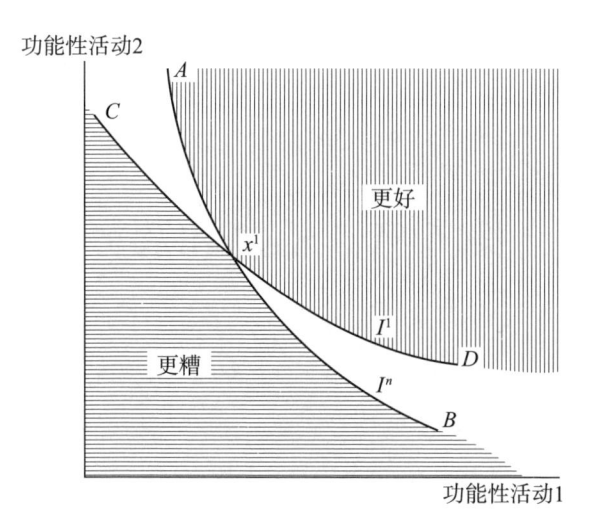

图 5.1 偏序的交点

不如 x。虽然图 5.1 只涉及一对功能性活动向量的排序，而交集法可用于产生具有标准技术性质的一种偏序。

在解释交集偏序 P^* 时需要谨慎对待。它反映了可以安全地说出的最小值，即不与 $\mathbb{P}^*$ 中任何未消除的排序（偏序的或完备的）相矛盾。我们很可能还想说更多。事实上，对于一个在经过理性反思后，认为某一特定的排序 P^j 完全正确的人来说，一个比 P^* 到 P^j 的完整范围更大的东西的可能性，显然是开放的。这个人对界限的划分，最终取决于他对评价活动的性质和基础所持的看法，以及他对在 $\mathbb{P}^*$ 中表达的其他意见的地位所持的看法。交集偏序 P^* 定义了可以说的内容的下界，而不存在任何看似或真实的矛盾。

第6章 信息和解释

26　　　人们至少可以根据两种不同的标准对福利观进行分类。一种是关于福利的解释，在这里，我已经考虑了三种不同的方法（每种方法都有进一步的划分）：(1) 效用，(2) 富裕，以及 (3) 功能性活动（第1~3章）。虽然前两种方法更常规，但第三种方法是我在这里试图进行说明和捍卫的。对不同的福利方法进行分类的另一种基础，关注的是用于评价福利的数据类型。这里至少有三种不同的方法，分别是基于：(i) 市场购买数据，(ii) 对调查问卷的答复，以及 (iii) 对个人状态的非市场观察。

　　　或许可以公平地说，传统经济学对福利的标准分

第6章 信息和解释

析是基于将福利的效用观与对市场购买数据的依赖相结合，即（1）和（i）的结合。我们有可能批评这种观点，这不仅是因为用效用（在每一种不同的解释上）代表福利的观点的可疑性质，而且是因为市场购买数据在反映福利的重要方面的局限性。我已经在第3章中讨论了前一个问题，我现在将谈到后一个问题。但是，在此之前，我可能会简要地提及第三个困难，即一种观点的不一致性，这种观点将（1）和（i）结合在一起，把福利视为效用，同时它依靠市场购买数据来得到福利。

无论是在哪一种解释（欲望-满足和幸福）下，市场购买数据真的能反映效用吗？很难断言它可以做到。有两个截然不同的问题。第一个问题是，即使商品 x_i 的确提供效用：$u_i = u_i(x_i)$ 的基础，效用的值也取决于函数关系 $u_i(\cdot)$。第 2 章对这一问题及其他问题进行了广泛的讨论。第二个问题在于一个显而易见的事实，即只有某些可以作为效用基础的东西实际上是在市场上进行买卖的。市场购买数据可能没有充分注意到污染、犯罪、社会动荡、社区不和谐等因素的影响，而这些因素也可以被看作是效用函数 $u_i(\cdot)$ 的参数。

如果我们忽略第二个问题，就有可能认为市场购

27

买数据为富裕而不是效用提供了一个很好的线索，而且这种自然联系不是存在于（1）和（i）之间，而是存在于（2）和（i）之间。为了说明这一点的力量，考虑两个人，他们对市场购买的商品有相同的无差异图（identical indifference maps），即有着相同的"品味"，这在消费经济学中是典型的定义。尽管两人的无差异图是一致的，但他们其中之一，比如说个人1，可能具有比个人2更有利的效用函数。也就是说，对所有的x，都有$u_1(x) > u_2(x)$，尽管两个$u_i(\cdot)$都以完全相同的方式对商品向量进行了排序。现在考虑以下情况，即x_1和x_2分别是个人1和个人2两个时期中各自的商品向量：

$$u_1(x_2) > u_1(x_1) > u_2(x_2) > u_2(x_1) \quad (6.1)$$

个人2对商品有更高程度的控制；x_2比x_1更受两个人的青睐。同时，因为$u_1(x_1) > u_2(x_2)$，个人1比个人2有更高的效用。

这种对比没有什么令人费解的地方。效用的比较必须注意到效用函数中的不同之处（即使品味是相同的），然而，如果我们只是比较效用的商品基础，那么就没有必要这样做，当品味相同时，可以用简单直接的方式来这样做。效用的商品基础对应于富裕，因此，

第6章　信息和解释

商品信息是直接相关的，足以以一种无法评价效用的方法来评价富裕程度。①

富裕和市场购买数据之间的这种直接联系受到没有在市场上购买和出售的物品的威胁，而这些物品仍然是人们所追求的。为了更好地了解富裕，必须通过利用从其他来源收集的、关于非购买物品，如新鲜空气、没有犯罪、社会安宁等的信息，来补充市场购买数据。②

将富裕与市场购买数据联系起来还面临进一步的问题——这可能在形式上看起来与上一个问题相当相似，但却带来了类型完全不同的困难。市场购买反映了"消费单位"，例如家庭，从市场中得到了什么。这并没有告诉我们个别成员可以消费些什么。家庭内部和其他消费单位内部还有进一步的分割问题。事实上，至少就食品、住所等而言，家庭中的个别成员通常不会在市场上购买商品和服务。他们往往是从分享在市场上为整个家庭购买的东西的过程中得到这些的。

如果家庭内部的划分遵循某种一般的平等模式，

---

① 参见森（1976b，1979a）中"情景比较"和"综合比较"之间的对比。至于相关的问题，参见费希尔和谢尔（Fisher and Shell, 1972），以及金提斯（Gintis, 1974）。

② 通过查看有着不同的空气、犯罪等特征的不同地区的住宅价格差异，甚至可以利用市场购买数据来评估消费者对新鲜空气、没有犯罪等赋予的价值。但是，这种间接信息具有明显的局限性，这是由区位选择中动机的多样性、预期的失灵、不同购买者之间收入的差异等原因造成的。

同时注意到需求的差异，那么这一特定问题可能不是造成很大困难的根源。在不同家庭目标之间保持中立的"等价性尺度"模型①，只有当可以通过假设存在某种纯粹仁慈的首领，从而使得这个问题变得微不足道时，才能更切合实际地发挥作用。②当不能做出这样的假设时，问题变得严重了，特别是当家庭中的不平等显然很重要时，例如性别偏见或忽视儿童，更是如此。③我在稍后，特别是在评价不同性别的个人的功能性活动（和能力）时，将讨论和说明这个问题（参见附录B），但我必须现在指出，当家庭内部的不平等划分在整个家庭的繁荣与个别成员的商品支配之间打下了分裂的楔子时，对富裕程度的评价就特别成问题了。

现在回到先前的评价效用而不是富裕的问题上，效用与市场购买数据之间的联系存在问题，即是否可以更合理地利用其他一些联系。在此，必须非常认真地考虑

---

① 参见迪顿和米尔鲍尔（1980，第三部分），另见恩格尔（Engel, 1895）、罗斯巴什（Rothbarth, 1941）、普拉斯和霍萨克（Prais and Houthakker, 1955）、巴腾（Barten, 1964）、米尔鲍尔（1977a, 1977b）、波拉克和威尔士（Pollak and Wales, 1979）、迪顿（1981）和波拉克（1983）。

② 最方便的假设可能是贝克尔做出的（Becker, 1981, 192页）："在我的方法中，'最优再配置'是利他主义和自愿性贡献的结果，而'群体偏好函数'与利他主义头领的函数是相同的，即使当他没有独立自主的权力时也是如此。"

③ 参见戈帕兰（Gopalan, 1979），陈、胡克和德索萨（Chen, Huqund D'Souza, 1980），森（1981b），金奇和森（1983），以及森和森古普塔（Sen and Sengupta, 1983）。

第6章 信息和解释

第（ii）类信息来源的说法，即对调查问卷的答复。由于效用代表幸福或欲望-满足，人们自然会认为，这方面最好的信息来源必然是其效用得到考虑的那个人。（他快乐吗？他的欲望得到满足了吗？）奇怪的是，经济学通常会对直接质疑这些问题产生很大的怀疑，而更倾向于通过间接的方法，例如从市场购买中推断出这些问题的答案。我在其他地方研究了产生这些疑问的原因，并讨论了为什么这些理由最终没有说服力［森（1973b，1977a）］。

事实上，近年来，问卷调查法在效用与收入评价的经验研究中得到了广泛应用。到目前为止，该领域最令人印象深刻的研究成果来自"莱顿学派"（Leyden School），这是从范普拉格（Van Praag，1968）的开创性贡献开始的。人们在对自己和他人地位的评价，以及对收入、福利等的评价等方面，已经做了大量的研究。[1]

---

[1] 特别是要参见范普拉格（1971，1976，1978），范普拉格和卡普廷（Van Praag and Kapteyn，1973），卡普廷和范普拉格（1976），卡普廷（1977），范赫瓦登、卡普廷和范普拉格（Van Herwaarden, Kapteyn and Van Praag，1977），戈德哈特、哈尔博斯塔特、卡普廷和范普拉格（Goedhart, Halberstadt, Kapteyn and Van Praag，1977），范普拉格、卡普廷和范赫瓦登（1978），范普拉格、戈德哈特和卡普廷（1980），范赫瓦登和卡普廷（1981），卡普廷和万斯比克（Kapteyn and Wansbeek，1982a，1982b），范普拉格、哈根纳斯和范艾克（Van Praag, Hagenaars and Van Eck，1980），范普拉格、哈根纳斯和范韦伦（Van Praag, Hagenaars and Van Weeren，1982），范普拉格、斯皮特和范德斯塔特（Van Praag, Spit and Van de Stadt，1982），以及哈根纳斯和范普拉格（1983），也参见伊斯特林（Easterlin，1974）、西蒙（Simon，1974）和西多夫斯基（1976）。

虽然问卷调查法不局限于评价效用,但它往往为效用评价和比较提供了相比传统消费者分析所青睐的"不问问题"的效用估计形式更为合理的依据。

将效用与市场购买数据,即(1)与(i)联系起来的传统尝试,实际上可以用一方面将效用与调查问卷分析,即(1)与(ii)联系起来,另一方面将富裕与市场购买数据,即(2)与(i)联系起来进行替代。当然,这些联系不是纯粹或直接的,而实际的信息收集活动必须注意到许多其他联系。只有作为实证分析的合理起点,(1)与(ii)之间,以及(2)与(i)之间的联系才有明显的价值。

到目前为止,在本章中,我很少提到功能性活动。在"发展指标"、"基本需求"满足情况、"生活质量"指数、"生活水平"计算等内容中,对某些特定的功能性活动进行了大量讨论。特别是寿命和识字率,在关于发展的文献中得到了很大的关注。[①] 这些研究的信息

[①] 参见瑙罗吉(Naoroji, 1871)、潘特(Pant, 1962)、阿德尔曼和莫里斯(Adelman and Morris, 1973)、阿德尔曼(1975)、甘古力和古普塔(Ganguli and Gupta, 1976)、哈克(Haq, 1976)、赫雷拉等人(Herrera et al., 1976)、国际劳工组织(1976, 1984)、加伊等人(Ghai et al., 1977)、格兰特(Grant, 1978)、K.格里芬(K. Griffin, 1978)、斯特里滕和伯基(Streeten and Burki, 1978)、格瓦特金(Gwatkin, 1979)、莫里斯(1979)、奇奇尼斯基(Chichilnisky, 1980)、古汉(Guhan, 1981)、斯特里滕(1981a, 1981b)、斯图尔特(Stewart, 1985)等人。森(1973c)提出了包含寿命和人均实际国民生产总值的综合指数。也参见利普顿(Lipton, 1968)、卡克瓦尼(Kakwani, 1980)、古哈(Guha, 1981)、希尔博(Silber, 1983)。

第6章 信息和解释

基础是对人们的状况及他们的生活条件的非市场的、非问卷调查的观察。就我们的分类而言，这将（3）与（iii）联系在一起了。

广泛利用对人的状况的非市场性直接观察来了解他们实现的功能性活动是很自然的。人们可以认为，这种研究能够合理地扩大到经济学文献在相当程度上不愿分析的、人的其他状况，特别是发病率和营养不良，这与在贫穷的发展中国家中经常遭受严重失灵的一些重要功能性活动有关（参见附录B）。[1]

福利经济学忽视这些福利的基本成分的倾向，是我们学科的突出局限性之一。即使是关于经济发展的文献，也没有弥合这一显著的差距。大多数经济学传统都不愿意研究医疗问题，尽管它们在其他方面具有多样性。结果，只有诸如寿命和死亡率之类的粗略事实，才会出现在发展文献中（在福利经济学中，即使这也是相当罕见的）。"生活质量"通常是以寿命等因素来判断的，而这或许最好被看作是反映了生命"数

---

[1] 关于将人体测量数据用于历史分析的有趣例子，参考弗劳德和瓦赫特（Floud and Wachter, 1982）、福格尔、恩格尔曼和图赛尔（Fogel, Engerman and Trussell, 1982）。另可参见戈帕兰（Gopalan, 1979, 1983）、森（1981b）、森和森古普塔（1983）、孟德尔（Mundle, 1984）、联合国儿童基金会（1984）、威亚纳桑（Vaidyanathan, 1984）。

量"(而不是"质量")。

在较富裕的国家,长寿、营养、基本医疗、避免流行病、识字等功能性活动在人与人之间的差异可能较小,但也有其他功能性活动确实存在很大的差异。热情款待朋友、亲近自己想看到的人、参与社区生活等方面的能力,甚至在一个富裕的国家,如美国或英国,也会有很大的不同。[①] 过一种不为自己的穿着等感到羞耻的生活的能力,是另一种被视为重要的,至少可以追溯到亚当·斯密和卡尔·马克思的能力。[②] 还有其他一些功能性活动(例如,一方面是涉及文学、文化和知识的追求,另一方面是度假和旅行),这些功能性活动涉及人们之间存在的很大差异,即使在较富裕国家的人民之间也是如此,这就提出了评估和评价的问题。[③]

有关这些功能性活动的信息,必须从非市场的直接

[①] 参见韦德伯恩(Wedderburn, 1961),特别是汤森德(Townsend, 1979)。关于这些变动的相关性和重要性的极好的哲学讨论,可以在约翰·班尼特(John Bennett, 1979)这篇令人遗憾的未发表论文中找到。

[②] 斯密(1776,第351~352页)和马克思(1867,第150页)。

[③] 在埃里克森和乌什塔罗(Erikson and Uusitalo, 1984)所称的"斯堪的纳维亚半岛式的福利研究方法"的指导下,人们在相关问题上做了许多有趣而重要的工作。参见阿勒特(Allardt, 1973, 1977, 1981)、约翰松(Johansson, 1973)、若斯(Roos, 1973, 1978)、乌什塔罗(1975, 1978)、坎多林和乌什塔罗(Kandolin and Uusitalo, 1980),以及林根(Ringen, 1984)和其他一些贡献。

第 6 章　信息和解释

观察及问卷，即（ii）及（iii）中索取。事实上，在某些情况下，即使是市场购买数据，也可能被合理地用于间接确定功能性活动，因为直接观察功能性活动及质疑有关功能性活动的主体，可能都是有困难和有缺陷的。例如，有关一个人的购置服装能力的资料，可能相当合理地来自市场购买数据。影响到一些重要的功能性活动的电力、取暖、旅行、电话等的使用情况也是如此。

我们早些时候（第 2 章）提出，因为代谢率、体型大小等因素导致了商品与功能性活动之间关系的不同，所以用有关粮食购买（甚至是食物消费）的信息来近似营养性的功能性活动，可能是相当糟糕的。还有一个进一步的问题，即由于家庭内部的不平等，市场购买数据可能与个人消费相差很大。因此，有很好的理由直接观察营养方面的成就（见附录 B）。然而，这种观察有时并不容易，而且可能需要超出研究极限的时间和资源。在这种情况下，使用市场购买数据很可能是最好的选择，尽管必须充分考虑到这种选择的"次优"性质。

最后，识别功能性活动的问题必须用对它们的评价问题来补充。显然，评价工作可以为问卷的方法提供相当大的作用空间。然而，由于评价问题往往很难提出，也很难回答，而且需要对这些问题进行不容易实现的冷静和非机械的反思，这使得这个问题变得更加复杂。我担心，在处理这些复杂的问题时，我没有什么神奇的解决方案，但不管我们为实际工作达成了什么样的妥协解决方案，都必须首先认识到令人满意的解决方案的严格要求。

正如我在前面所提到的（第 3 章），有时使用关于欲望力量的效用型信息作为评估的反映是有一定意义的，即使这两者既不完全相同，也不总是密切相关。有时候，甚至可以用市场选择信息来得出与商品相关的权重，并从它们中猜测相应功能性活动的评价。[①] 但是，在基于功利主义的福利方法的某种变体下，这些观察的派生和偶然的信息性作用，必须与这些变量所声称的基本作用明确区分开来（见第 3 章）。

在所有这些活动中，理论的清晰性必须与实际需要相结合，以满足我们在经验分析中所能得到的任何信息。经验上过度自负的锡拉（Scylla），就像误导理论的卡律布迪斯（Charybdis）一样，对我们都有很大的威胁。

[①] 参见森（1976b，1979a）。也可参见格拉夫（Graaff，1977）、杜塔（Dutta，1978）、哈蒙德（1978）、罗伯茨（Roberts，1980b）、阿特金森和布吉尼翁（Atkinson and Bourgignon，1982）、布罗德和莫里斯（Broder and Morris，1983），以及巴达查利雅和查特基（Bhattacharya and Chatterjee，1983）。

第 7 章　福利和优势

在第 1 章中，我对福利的概念与优势的概念进行了对比。一方面，福利被看作是对人的特定成就的评价——他成功地拥有了那种"存在"；另一方面，可以说，优势也必须注意到这个人所面临的真正机会。从这个角度来看，对优势的评估必须包括对一组潜在的，而不仅仅是实际成就的评价。我现在要谈一谈这种集合评价（set-evaluation）问题，并将指出，这种区别的界线并不像最初看上去的那么清楚。但是，在此之前，有必要（在这最后一章中）汇总一下前几章关于福利问题的主要思想。此外，我们还必须面对前几章中忽略的一些问题，例如与"加总"有关的一些问题。

一个人的福利的主要参数是用功能性活动向量 b_i 表示的。它只能通过实值的"评价函数"$v_i(\cdot)$，将功能性活动向量映射成福利的数值表达（第 2 章），才能转化为福利的标量度量。在它的任何解释，即（i）福利、（ii）欲望-满足或（iii）选择（第 2~4 章）当中，功能性活动向量的评价很可能与效用的评价不一致。这种评价可能是完备的，也可能不是，福利的表述可以合理地采取偏序的形式（第 5 章）。通过将福利的其他替代性观点结合在一起，"交集偏序"提供了"无争议的"第一步，并有可能在这个最小的偏序基础上超越它，从而扩展到更广泛的排序（第 6 章）。一旦"富裕"、"效用"和"福利"的评价差异被清楚地指出，并且得到信息意义上的评价，就有几个不同的信息源可供单独和联合使用，用以评价福利状况（第 3~6 章）。

虽然将效用与福利联系在一起有很大的问题，但这并不意味着效用信息与福利的评价无关。第一，幸福意义上的效用很可能被包括在与一个人的福利相关的一些重要功能性活动的清单之中。第二，反映在欲望和选择中的效用信息可能在提供评价的证据方面发挥重要作用（第 3 章），尽管这种"证据性的"推理必

第7章 福利和优势

须被视为试探性的，而且在面对相反的信息的时候，例如从对评价问题的答复来看（第6章），尤其令人怀疑。

效用计算最重要的缺陷可能出现在处理人与人之间的比较上。这并不是因为不能进行这种比较［就像罗宾斯（Robbins，1938）和其他人所提出的］。当然，它们可以，而且可以用几种不同的方式进行。[1] 相反，问题在于，对效用进行人与人之间的比较可能会给出一个非常扭曲的福利图景（第3章和第4章）。这些反映在与欲望、幸福等有关的效用中的心理特征，必须适应不利的环境，从而影响剥夺的尺度及其在证据上的重要性（第3章）。

碰巧的是，实际的人际效用比较并不是特别容易进行（这个问题必须区别于关于人际比较的可能性和地位的罗宾逊式问题），两人之间的福利或欲望的比较涉及各种复杂因素。因此，从实际测量的角度来看，

---

[1] 参见里特尔（1950）、海萨尼（1955）、苏皮斯（1966）、范普拉格（1968）、森（1970a）、范普拉格和卡普廷（1973）以及阿罗（1977）。为了说明使用人际效用信息的不同方法，参见海萨尼（1955，1976）、苏皮斯（1966）、森（1970b，1979b）、哈蒙德（1976，1982）、斯特拉斯尼克（Strasnick，1976）、达斯普雷蒙特和格韦尔斯（d'Aspremont and Gevers，1977）、阿罗（1977）、马斯金（Maskin，1978）、格韦尔斯（1979）、黄有光（1979）、罗伯茨（1980a）、米尔利斯（1982），以及布莱克比、唐纳德森和魏马科（Blackorby, Donaldson and Weymark，1984）等文献。

不依赖效用信息而对人际福利进行比较所导致的额外困难可能不是很大。①

然而，有关功能性活动的评价信息的评估和使用本身并不容易，社会权重的真实推导往往涉及实际的妥协（第 6 章）。本专著认为：（1）功能性活动向量本身对理解福利成就（即使不可能进行标量转换）就有一定的意义；（2）注意到评价的不完备性和冲突的偏序具有相当大的实际用处和相关性（第 5 章）。对"全部或无"的信念并不是探讨福利评价的最佳方法。

功能性活动向量的评价差异越大，对福利的无争议性判断的范围就越有限。一致性越多，"交集偏序"的范围就越大，获得清晰表达的偏序的冲突也就越小（第 5 章）。

为了防止在评估功能性活动时对评价问题的性质

---

① 当然，可以将个人内心（intrapersonal）评价中的效用信息与人际评估中的非效用权重结合起来［例如，参见森（1976b）、格拉夫（1977）和罗伯茨（1980b）］。实际上，关于这种混合格式讨论得更多的问题往往来自这一图景的纯粹效用方面（当效用来源于市场选择，然后以易于管理的方式，例如独立于价格的形式控制的时候）。当个人偏好不相同和具有准位似性质（quasi-homothetic）的时候，这种形式变得特别复杂［参见戈尔曼（1953）、格拉夫（1977）、哈蒙德（1978）和罗伯茨（1980b）］。可以通过做出一些不现实但普遍的经验假设（例如，相同的准位似性），或者通过放弃"福利主义"（社会福利必须是个人效用的函数——无论是否以纯粹的功利主义含义来进行人际衡量）来避免这些问题；参见森（1979a，1979c）。这些困难——虽然存在于混合结构中——最终产生于这一图景中完全基于效用的那部分［参见哈蒙德（1978）］。

第 7 章 福利和优势

可能产生一些误解,现在可以提出两个关键的问题:

(Ⅰ)在加总不同人的不同评价性判断时,如何避免阿罗式的不可能性[阿罗(1951)]?

(Ⅱ)即使每个人的评价图都是一致的,在评价不同人的福利时,使用相同的评价函数难道不存在进一步的问题吗?除了偏好图是一致的,难道与(第6章中讨论的)效用函数差异的问题完全可比吗?

我将依次回答这两个问题。

关于"不可能性"问题,有几个不同的问题需要注意。第一,正如文献中被广泛讨论的那样,可以通过使用一种更丰富的信息基础来避免阿罗不可能性的结果[例如,参见海萨尼(1955)、森(1970a)、哈蒙德(1976)、达斯普雷蒙特和格韦尔斯(1977)、阿罗(1977)]。[1]

第二,如果我们不坚持社会判断的完备性(或某些相当有限的类型所允许的不完备性[2]),那么拥有社会偏序提供了一种确保可能性的方法,而代价是对某些特定的比较保持沉默。事实上,"交集偏序"是朝着这个方向迈出的没有争议的第一步(见第 5 章)。

---

[1] 参见本章第一个脚注中给出的关于这方面的大量文献。
[2] 参见巴特尔米(Barthelemy, 1983)和魏马科(1984)关于满足一定正则性条件的、具有社会偏序的阿罗型不可能性定理的研究。

第三，也许也是最重要的，在判断不同人的福利时，获得一个共同的评价函数（完备的或偏序的）的问题是一种注意到不同人的偏好的、不同于判断社会状态的做法。在本专著中，这一做法的目的是获得一个福利的共同标准，而不是解决社会状态评价中的人与人之间的冲突。例如，如果两个人有相同的评价函数，那么共同标准问题就会很难得到解决，但是，由于这两个人对社会状态的排序可能不同（尽管他们对个人福利有相同的看法），那么阿罗型社会选择问题仍然会持续存在，这是因为他们各自在这种社会状态中的交易可能是不同的。为了将阿罗的不可能性问题转化为"共同标准"，必须对相关公理进行高度不可信的解读。考虑到一般而言，在不同的人之间对许多功能性活动向量（包括向量支配地位）所做的排序往往具有相当大的共识这一事实，适当的"领域"条件将是完全不同的。

这并不是说，不同评价观点的问题可以在没有任何问题的情况下得到解决。但是，从它们的本质来看，这个例子中的差异更为有限；这些排序的交集部分通常相当大；同时，合理加总的实际问题也就不那么严格了。得出一个共同的福利标准是一种与人和人之间

第 7 章 福利和优势

的社会状态排序的加总截然不同的做法。

我现在转到问题（Ⅱ）。对于这个特定的问题而言，福利函数 $v_i(b_i)$ 与效用函数 $u_i(x_i)$ 之间的类比并不成立。这是因为效用——无论被解释为幸福还是欲望-满足——都有独立的描述性内容，而正如我们在这里所看到的，福利只不过是所实现的功能性活动的价值而已。虽然效用也可以被如此定义，以至没有独立的描述性内容，但这也会将它与传统的效用含义，以及与赋予效用吸引力和重要性的实质性内容割裂开来。[①] 幸福、欲望等心理特征本身就存在，同时效用函数 $u_i(x_i)$ 确立了商品与效用之间的经验联系。相反，评价函数 $v_i(b_i)$ 认为福利是在描述性信息（在这种情况下是功能性活动）基础上"伴生的"，而其自身没有独立的描述性内容。[②] 因此，对于福利评价例子中的效

---

① 参见边沁（1789）、西奇威克（1874）、拉姆齐（1926）、海萨尼（1976）、黑尔（1981）和米尔利斯（1982）。

② 关于伴生性（supervenience）的概念，参见黑尔（1963）和麦基（1977）。赫里（Hurley, 1984）在涉及社会选择理论和伦理学的争论中广泛使用了这一概念。当且仅当作为一种合乎逻辑的必然性时，福利理论将认为它在功能性活动上是伴生的，只有当两个人的状态在功能性活动上不完全一致时，对它们的评价才会有所不同。"弱"的伴生形式将特定一个人的功能性活动与此人的福利联系起来，而"强"的形式将消除个人参照，使其在个人之间适用，也就是说，即使是两个不同的人，也不能被视为拥有两种不同的幸福水平，除非他们至少在一个功能性活动的成就上存在差异。也许值得一提的是（为了避免一种可能的误解），福利在功能性活动上的伴生性并不意味着它在商品占有上是伴生的，因为商品和功能之间的关系可能会有所不同（第 2 章）。

用函数内部的（inter-utility-functional）比较，不存在明显的类比。

这并不意味着每个人都必须对不同的功能性活动有相同的评价。事实上，$v_i(b_i)$ 中的下标 i 精确地指向了评价性陈述的作者。但是，如果不同的人的评价确实不同，那么我们对什么是合适的评价就有着不同的看法。我们可能会试图争论哪种评价是正确的；或者只将交集偏序视为是无争议的；又或者有可能采取这样一种观点，即这些评价没有什么"正确"或"错误"之分（我个人不会，但有些人显然会）。但是，在任何情况下，都不存在对一个人使用一个评价函数、对第二个人使用另一个评价函数的可能性，然后对两个人的相对福利进行评价函数内部的（inter-valuation-functional）比较。① 效用函数内部的比较之所以有意义，仅仅是因为效用本身有描述性内容，尽管两个人有两种不同的效用函数，但问一个人是否比另一个人更快乐或是否有更多的欲望-满足，这也是合理的。

从这个意义上讲，福利的评价问题与富裕的问题

---

① 这一问题必须与评价函数本身可能将个人的身份作为额外变量的可能性区分开来，这样相同的功能向量就可以根据相同的（但特定于个人的）福利观点，为两个不同的人带来不同的福利。（见第 5 章。）关于评价的表述的作者的差异 [$v_i(\cdot)$ 中的下标 i]，必须区别于福利正在被分析的那些人的不同之处。

第7章 福利和优势

非常相似（第1章和第6章），这可以看作是一种基于商品控制的"伴生的"概念。如果一个人对商品的掌控程度高于另一个人，那么他可以合理地被视为更富裕，尽管不一定是更幸福。[①] 福利如果是建立在功能性活动上的伴生物，同样也可以根据功能性活动的规格和评价来确定，而不必与一些具有独立描述性内容的附加属性（如效用）相吻合。

在这方面，对确定福利的一系列功能性活动的评价就像"实际收入比较"的问题，是从富裕的角度来解释的，而不是像效用比较，是用幸福或欲望-满足来解释的。"无差异图"（在商品空间上的富裕的情况下[②]，以及在功能性活动空间上的福利情况下）的巧合，足以保证富裕和福利之间简单的人际比较，在某种程度上，这并不是为了人际效用的比较。

现在我要谈一谈"优势"这个被推迟讨论的问题。如果我们讨论的不是一个人的福利本身，而是一

[①] 也不一定有更多的福利，因为商品拥有和功能性活动之间的关系可能会变动。

[②] 富裕问题不仅可以从控制的商品向量的角度来考虑，而且可以从一个人可以控制（"应得权益"）的商品向量集合的角度来考虑。在某些情况下，后者与公平分配思想有更大的关联性。参见阿奇博尔德和唐纳德森（Archibald and Donaldson, 1979）的"选择集"的概念——人们可以从中选择一个的商品向量集——与在这里概述的优势概念有明显的相似之处。但是，他们分析的是商品向量集合，而这里关注的是一些功能性活动向量的集合。

个人的优势，那么对功能性活动的评价只是故事的一部分。正如我在前面已经提到的，优势可以被看作是一个人拥有的各种机会，然而其中只有一个会被选择。集合评价的问题引起了需要仔细注意的有趣和困难的问题。

集合评价问题的性质（在这种背景下）尚未得到应有的重视。最近，在这一领域有许多相关的研究贡献[①]，但是，集合评价的动机主要是由不确定性下的选择来指导的。在大多数文献中，选择者被认为是正在挑选一个集合，然后由"自然"来从中选择某一特定元素。当他自己从可行性集合中选择一个特定的元素时，适合这个问题的公理结构往往不适用于我们判断一个人的优势的问题。例如，坎奈和佩莱格（Kannai and Peleg, 1984）使用的公理（GP）包括这样一个要求，即增加一个被这个人认为比集合中的所有现存选择更劣的替代性选择，而这会使这个集合变得更

---

① 参见坎奈和佩莱格（1984），菲什本（Fishburn, 1984），海纳和帕卡德（Heiner and Packard, 1984），巴贝拉和帕塔奈克（Barberá and Pattanaik, 1984），霍尔兹曼（Holzman, 1984），巴贝拉、巴雷特和帕塔奈克（Barberá, Barrett and Pattanaik, 1984），帕塔奈克和佩莱格（1984），以及尼赞和帕塔奈克（Nitzan and Pattanaik, 1984）。库普曼斯（Koopmans, 1964）和克雷普斯（Kreps, 1979）讨论了一种不同类型的问题。

第7章　福利和优势

糟。[①] 对于在不确定条件下的选择，这确实是合理的，因为这个人很可能在增强的集合中选择一个劣等的选项。然而，如果目的是评价一个人拥有的机会，那么增加一个弱劣替代性选择就不一定会使得这个状态更糟。以前可以选择的那些选项，现在还是可以选择的。

从一个功能性活动向量的集合，即这个人的"能力集"的值是由该集合中最佳元素的值确定的试探性概念开始，这可能是有用的[②]：

$$V(S) = \max_{x \in S} v(x) \tag{7.1}$$

如果这就是问题的全部，那么能力和优势的评价问题纯粹就是一个衍生性问题。在这种观点中，"更广泛的选择"之所以被重视，只是因为这样可以选择一个更好的元素，如果不是这样，那么不断扩大集合是没有任何价值的。这种方法很可能被称为简单（elementary）评价；它将那个集合中最佳元素的值赋予了这个集合。

[①] 这是从嘉登弗斯（Gärdenfors，1979）提出的公理中得出的，同样是在不确定性下的选择是一个中心特征这样一种问题背景下。

[②] 如果在这个集合中没有最大值 $v(x)$，我们可以使用上界。动机是相似的，因为我们可以任意接近这个值，并且它是我们可以任意接近的最佳值。在下面的讨论中，我将坚持使用有限集。

简单评价可能会从几个不同的角度遭到批评。首先，若用这种形式定义，当能力集中的元素不是完全有序的时，就不可能运用这种评价。正如前面所讨论的，将偏序作为功能性活动向量上的福利的基本关系就有充分的理由。人们必须在简单能力评价的过程中，对这种不完备性进行一些扩展或修改。

该过程的一个简单扩展是通过检查一个集合中是否有一个元素比另一个集合中的每个元素都更好，来比较两个能力集 S^1 和 S^2。在比较元素（功能性活动向量）时，用 R 和 P 分别代表"至少一样好"和"优于"的关系，那么"至少像 R^* 一样好"的集合比较关系可以定义为

$$S_1 R^* S_2, 当且仅当 \exists x \in S_1,$$
$$\forall y \in S_2 : xRy \qquad (7.2)$$

不对称的集合比较关系 P^*（一个"更好的集合"）可以简单地被看作是 R^* 的不对称因子，即，

$$S_1 P^* S_2, 当且仅当 S_1 R^* S_2,$$
$$而不是 S_2 R^* S_1 \qquad (7.3)$$

很容易证明，如果 R 是一个偏序（即可传递和自反的），R^* 将对能力集进行有偏的排序。

只有当 R 不完备时，这个扩展才与基于式（7.1）

第7章 福利和优势

的过程有很小的不同。当 R 是一个完备的排序时，按式（7.1）给出的它们的值对集合进行排序将与式（7.2）和式（7.3）所产生的排序一致。通过使用式（7.2）和式（7.3）作为包含了另一种格式的更一般的格式，我将这种一般性方法称为"简单能力评价"。

第二个，也是更严重的问题，来自难以超越式（7.2）给出的偏序 R^*。我们如何扩展这个可能是不完备的 R^* 呢？一些在完备 R^* 时可能有吸引力的规则——至少在一开始时是这样——可能后来被证明并非如此。考虑这样一个例子：对于一些有限集，选取一个"评分系统"，将一个集合 S 中的每一个元素 x 关联一个数 $N(x, T)$，对应于一个表示 x 至少不能和 T 中的元素一样好的数量的集合 T，

$$N(x, T) = \#[y | y \in T \text{ 同时不是 } xRy]$$

(7.4)

对于 S 的任何元素，集合 S 相对于 T 的"得分"可以被看作 $N(x, T)$ 的极小值。

$$N^*(S, T) = \min_{x \in S} N(x, T) \quad (7.5)$$

当且仅当 S 相对于 T 的得分小于 T 相对于 S 的得分时，集合 S 被认为是优于 T 的。我们在这里定义"至少一样好"为关系 R^*，其中"更好"是不对称因

子 P^*

$$SR^*T \text{ 当且仅当 } N^*(S, T) \leqslant N^*(T, S)$$
(7.6)

在这种观点中，如果 S 相对于 T 的最佳功能元素（严格地说，是表现最好的元素之一）比 T 相对于 S 的最佳功能元素表现得更好，那么这个集合就比另一集合更好。我将这种关系称为"失效计数规则（failure-counting rule）"。①

失效计数规则具有明显的合理性。如果元素排序关系 R 是完备的，则式（7.4）～（7.6）将产生与简单评价结果一致的完备排序，这就很容易地检验了这种合理性。然而，当 R 不完备时，失效计数规则仍然会产生一个完备的排序。考虑到当元素只是不完备排序的时，对这些集合进行完备排序的"要求过高"的性质，毫不奇怪的是，失效计数规则会导致一些问题。它可以被证明与其他——而不是它们本身——的要求相矛盾，并且通过将这两组要求结合起来，可以很容

---

① 坎格（Kanger，1975）探讨了根据一个集合的元素相对于另一集合的元素的相对性能，从集合中进行选择的一般方法，而式（7.4）～（7.6）以及失效计数规则则针对的是与坎格所探讨的不同的一种活动。这两个过程之间存在逻辑联系。

第7章 福利和优势

易地产生"不可能性结果"。①

例如，失效计数规则很容易导致不可传递的——实际上是严格循环的——集合评价关系 R^*（具有 P^* 循环）。取一个由六个元素组成的全集（a, b, c, x, y, z），其中 $S_1=(a,b,c)$, $S_2=(x,y)$ 和 $S_3=(z)$。令这些元素的偏序 R 由下面的式子给定：

zPa, aPb, bPc, xPy

除了这些传递性的闭包之外，没有其他关系是成立的。考虑到这一点，很容易检验

$N(S_1, S_2)=2$, $N(S_2, S_1)=3$, $N(S_2, S_3)=1$,

$N(S_3, S_2)=2$, $N(S_3, S_1)=0$, $N(S_1, S_3)=1$。

这就导致了 $S_1 P^* S_2$；$S_2 P^* S_3$；$S_3 P^* S_1$：这是一个循环。

这样的问题可以通过选择不同的公理来避免。在一种稍微不同的背景下，克雷普斯（1979）提出了一种具有二元性、传递性和代表性的集合选择（他称之为"机会集"）的公理结构。这些公理的实质内容是由"未来品味的不确定性"驱动的。在某些选择问题

---

① 请注意，当这些公理是由不确定性下的选择问题驱动的时，这种"不可能性结果"在内容和精神实质上都将不同于坎奈和佩莱格（1984）以及其他人所识别的与集合评估有关的结果。

的背景中,我们可能必须先从这类集合中选择一个"机会集",然后在将来的某个日期从先前选择的机会集中选择一个元素[参见库普曼斯(1964)]。如果我们已经知道我们完整的未来偏好 R,那么这整个活动都可以根据 R 来完成,同时对这些集合的简单评价是相当没有问题的(给定这个库普曼斯-克雷普斯问题的动机)。但是,未来的排序可能是未知的,而且我们现在无法按照完全已知的未来偏好进行一种简单评价。

库普曼斯-克雷普斯问题与我们当前面对的问题有着明显的相关性。"未来品味的不确定性"与功能性活动向量排序的不完备性有着逻辑上的相似之处。事实上,如果将来的品味是部分已知的,那么它们的交集就会产生一个很像福利偏序的不完备排序。

然而,这两个活动之间的差异也很明显。第一,未来的品味问题实际上将以一个大概会出现在未来,尽管现在还未知的完备排序结束。相反,当福利排序不完备时,对于功能性活动向量的福利排序而言,并没有这样的真实完备排序。第二,库普曼斯-克雷普斯的构想并不是从一些已知的、和其他一起在未来继续成立的偏序开始的。因此,已知的和未知的东西的公式化表达是完全不同的。第三,库普曼斯-克雷普斯问

第 7 章　福利和优势

题与选择，尤其是必须立即做出的理性选择有关。能力集的比较并不仅仅是出于理性选择的考虑。① 能力集的比较可以仅仅为了确定两个特定的人中哪一个更有优势（就像生活水平或实际收入的比较中一样）。不存在对能力集进行完备排序的强制要求，也不需要有足够广泛的偏序来识别（并选择）一个最佳能力集。人们完全可以说，虽然能力集 A 比 B 更有优势，但集合 B 不能按总体优势程度相对于 C 进行排序。在比较两个人的优势时，完全可以说两者都不是显然地比另一方更有利。

事实上，考虑到简单评价背后的动机和功能性活动向量的福利排序的不完备性，很难超越式（7.2）和式（7.3）所定义的集合评价关系 R^* 和 P^*。我们可以更进一步，对于式（7.4）～（7.6）而言也会是这样，只不过要付出一些任意性的代价。人们可以进一步考虑各种或多或少的特定性规则，但在这本专著中，我将不再进一步探讨这个问题。

---

① 事实上，理性选择的考虑必须引入一个人的选择的其他方面，例如，除了追求自己的福利之外的价值观。要想认真考虑一个人应该选择什么，就必须更充分地注意到由此产生的事态［同时，在非后果主义的方法中，也要注意到其他事情；参见威廉姆斯（1973）等人的观点］。"优势"的概念，如果不是仅仅从追求自己福利的角度来看，而是从更广泛的目标和利益的角度来看［参见罗尔斯（1971）］，将要求我们远远超越功能性活动和能力集的评估。

简单评价的另一种困难并不是来自希望超越式（7.2）给出的偏序 R^*，而是来自质疑走到这一步是否有意义。这个问题可能产生于对自由的某种解读，这意味着仅仅考虑我们得以成功完成的事情可能是不够的。我们还必须注意到我们本可以完成的事情。（第 2 章提到了这个问题。）考虑这样一个例子：一个人可以从中进行选择的集合缩小了，但仍然包含了来自更大集合中的最好的元素。那么，就成就而言，此人的状态可能被视为没有受到影响（如果在每一种情况下，此人确实选择了最好的），但这个人所享有的自由会缩水。在这种情况下，有必要问一问：如何将这种"自由"的价值纳入考虑？

处理这个问题的一种方法是使集合评价排序 R^*，在能力集中最佳元素（功能性活动向量）的值之外，还要注意到选择的范围。一种比较合理的排序规则将在两个集合的元素的两两比较中包含"优势"。令 S 和 T 为两个集合，而且 S 中的元素数量至少和 T 中一样多。现在考虑 S 的一个子集 S'，它含有和 T 一样多的成员。如果从 S' 到 T 存在一一对应的关系（·），使得 S' 中的每个元素至少与 T 中的对应元素一样好，那么 S 就能够被认为至少和 T 一样好。更为正式的表

第7章 福利和优势

达是

$$SR^*T$$

当且仅当 $\exists S'\subseteq S$：$[\#S'=\#T$ 同时 $\exists g(\cdot)$：$S'\to T, \forall x\in S': xR^*g(x)]$ (7.7)

对这个"占优集合评价"规则相当没有争论的看法是存在争议的。但是，它的使用要求具备的条件是非常苛刻的。由于存在不完备的福利关系 R，R^* 的覆盖范围可能是特别有限的。通过把式（7.7）给出的 R^* 作为能力集的一个基本的最小偏序，我们可以用进一步的阐述来扩展它，但是还有很长的路要走。

目前可以考虑的一种具体可能性是，存在一个两个参数的表示族 (x, n)，它是由集合的最大化元素 x 和集合成员的数目 n 所反映的（从形式上讲，这是它的基数性）。如果基于 (x_1, n_1) 和 (x_2, n_2) 来比较两个集合 S_1 和 S_2，那么我们可以考虑以下类型的规则：

$$S_1R^*S_2，当且仅当 x_1Rx_2 和 n_1\geqslant n_2 \quad (7.8)$$

但是，选择要素数量的任意性作为"选择范围"的一种反映，使得这成为一种非常具有局限性的方法，因为要素的"质量"也一定会发挥作用。一旦我们决定超越"占优集合评价"，那么以一种或另一种形式表达出来的这种任意性,就难以避免。

在处理"自由"问题时,一种完全不同的方法是将进行选择的行为纳入功能性活动向量中的行为(doings)和存在(beings)当中,然后随着能力集的要素由此得到完善,我们最终可以坚持简单评价。

不幸的是,这种追问问题的方式也会给"选择"的定性和评价带来困难①,尽管问题不必完全采取它在判断选择的"范围"时必须采取的形式(例如,在占优集合评价的规则中,试图注意到要从中做出选择的集合中的每一个元素的价值)。关于行使选择权的一些更广泛的概念——有一些真正的"实质的"替代性选择——可能是适用的,而不是为了达到另一条路线所要求的完善。

将实质性选择行为视为相关的功能性活动之一,也可以从一种观点中得到支撑。这种观点认为,一个人所享有的生活质量不仅取决于他取得了什么成就,而且取决于他有机会从中选择什么选项。以这个观点来看,"美好生活"在一定程度上是一种真正选择的生活,而

---

① 虽然"选择的自由"正以这种形式受到重视,但必须强调的是,这种"自由"并不是以相当消极的形式出现在有关自由和不干涉的文献中的。这里的问题是积极的选择能力。我在其他地方研究过这种对比[参见森(1982b,1983b)]。

第 7 章 福利和优势

不是这个人被迫选择的特定生活——不管它在其他方面多么丰富。

我认为评价的问题并没有因为朝着这个方向（例如，通过将自由的各个方面纳入功能性活动中）而变得更简单。但是，我相信，这仍然是一个很好的举措，可以更好地捕捉所有的功能性活动——行为和存在——从而使得生活都是有价值的，并且这将会反映在人们的福利中。

如果采取这条路线，福利和优势之间的差距就不会那么大，甚至这种差别也会变得不那么尖锐。但是，在注意到功能性活动向量本身内部的选择行为之后，仍然可以询问在能力集中所提供的选择的范围。

我现在已经到了要反映这本专著体现的关于福利和优势方法的更不明确的目的的时候了。人们应比这本短短的专著更深入地剖析这一方法。许多问题仍然不清楚。我试图勾勒出在我看来相当开放的问题。我已经在不同方面提出了相反的论点，并且对其中的许多问题，我不希望强烈主张一种或另一种解决办法。

然而，这些开放问题不应分散人们对本专著中采用和捍卫了坚定立场的其他问题的注意力。这些问题包括：专注于功能性活动（相对于富裕或效用）的需要、评价问题（相对于"欲望"或"享受"）的重要性，商品、特征、功能性活动、能力等之间区别的重要性，以及其他一些方面。这是本专著的主要分析内容。

我试图从一个与人们通常使用的不同的角度来看待福利和优势问题。当然，这不过是一个初步探讨。

附录 A　一些国际比较

鉴于可靠数据的局限性，要对不同国家在扩展的能力和增强的功能性活动等领域取得的成就进行广泛的比较，这并非易事。与基本的国民生产总值和国内生产总值的估计数相比，这一领域的数据往往相对较少，原因之一是缺乏对这些数据的需求。无法在不同的国家获得更多关于发病率或营养不足的比较数据，是没有道理的。福利和生活水平理论上的薄弱是造成这种数据库不发达的部分原因。

显然，从长远来看，重要的任务是扩大数据库。但是，这不应妨碍我们利用任何可能已经很容易获得的数据。在表 A.1 中，我列出了五个发展中国家，即印度、中国、斯里兰卡、巴西和墨西哥的数据；这些数据都取自《1983年世界发展报告》和《1984年世界发展报告》。这里只过分关注了生死和教育问题，而忽略了许多其他重要的能力，如营养不良的普遍性、发病率的范围、基本服装的充足、拥有住房和庇护能力等；但是，考虑到目前的数据库，这些其他的比较目前还不太容易进行。无论如何，这里的目的只是说明性的。

表 A.1　五个国家特定成就的数据比较

(1) 国家	(2) 人均GNP（美元）(1982)	(3) 预期寿命（年）(1982)	(4) 婴儿死亡率（每千人）(1982)	(5) 儿童死亡率（每千人）(1982)	(6) 成人识字率（%）(1980)	(7) 高等教育比率（%）(1981)
印度	260	55	94	11	36	8
中国	310	67	67	7	69	1
斯里兰卡	320	69	32	3	85	3
巴西	2 240	64	73	8	76	12
墨西哥	2 270	65	53	4	83	15

资料来源：除了第(6)栏来自《1983年世界发展报告》之外，所有其他各栏数据都来自《1984年世界发展报告》。

在表 A.1 呈现的数据中我们可以注意到一些相当有趣的模式。就人均国民生产总值而言，印度、斯里兰卡和中国大致属于同一组别——它们之间的差异并不大——而巴西和墨西哥则处于收入水平范围中的不同部分。但是，就预期寿命、婴儿死亡率和儿童死亡

附录 A 一些国际比较

率而言，印度是独特的，而中国、斯里兰卡、巴西和墨西哥则组成了一个完全不同的群体，斯里兰卡相对于其他国家具有优势。因此，就一种最重要的能力，即寿命而言——印度是落后的，而斯里兰卡和中国则加入了就人均 GNP 而言比其他国家富裕许多倍的国家群体的行列。

在使用成人识字率指标体现的基础教育方面，印度再次远离了属于大致相同群体的其他国家，而斯里兰卡也再次具有了优势。因此，就生死攸关的问题和基础教育而言，斯里兰卡及中国与印度所属的群体（实际上属于同一收入群体的所有其他国家）是分离的①，并加入或超过了更加富裕的巴西和墨西哥经济体的行列。

然而，当我们看大学和高等教育时，情况就大不相同了。现在轮到印度与中国及斯里兰卡分道扬镳，急剧转向巴西和墨西哥所在的组别了。我曾试图在其他地方更笼统地讨论的印度社会和政策的精英主义特征［森（1982c）］，得到了这些对比的很好说明。在接受高等教育的机会方面，印度的中上阶层与巴西及墨

---

① 参见《1984 年世界发展报告》（表 1 和表 23）以及《1983 年世界发展报告》（表 1）。

商品与能力

西哥的中上阶层差距不大①，遥遥领先于中国和斯里兰卡的相应群体（事实上，印度的高等教育比率约为中国的 8 倍）。另外，印度大众的能力大大低于中国和斯里兰卡人民的能力，这包括长寿能力、婴儿和儿童时期避免死亡的能力、读写能力和从持续教育中受益的能力。

就生存和教育的基本能力而言，斯里兰卡和中国确实脱颖而出。事实上，印度的记录对于相应的收入群体来说并不是非常糟糕。它的表现优于平均水平——当然不是更糟糕。在"低收入"群体（除中国、印度和斯里兰卡以外）的 30 个国家中，只有 3 个国家的婴儿死亡率比印度的水平更低，而且只有 2 个国家的预期寿命比印度的水平更高（《1984 年世界发展报告》）。带来它们的这种区别的是中国及斯里兰卡的卓越表现。那些与中国及斯里兰卡在基本能力方面取得的显著成就有关的政策问题，我们已在其他地方讨论过［森（1981c）］，在此不再赘述。这两个国家都在推行一些公共政策，旨在极其广泛地分配食品、公共

---

① 事实上，印度上层和中产阶级的成员在这方面的机会可能比巴西和墨西哥的上层阶级和中产阶级更大，因为印度高等教育中的学生来自相对于巴西和墨西哥的一个较小的人口比例范围。

附录A 一些国际比较

卫生措施、医疗服务和学校教育，而斯里兰卡的这些政策推行了更长时间。此外，有许多证据表明，它们的播种已经结出了丰硕的果实。[1]

中国和印度之间的对比引起了人们的极大兴趣，原因显而易见。中国在提高人民生活水平方面整体表现出来的优越性是决定性的。[2] 在这方面，必须明确的是，这种对比实际上并不是一个由国民收入和国民生产总值（GNP）所反映的商品富裕问题，因为两国在这些方面相当接近。这一点具有相当大的政策相关性，因为中印两国的GNP增长率的对比受到了经济学界的极大关注。人们往往认为这是理所当然的，即中国在提高生活水平方面取得的成就在很大程度上是由于中国经济的快速增长。

事实上，我们有很好的理由怀疑中国的GNP或

---

[1] 巴拉（Bhalla，1984）对这一判断提出了一些具有挑战性的问题。他指出，斯里兰卡在1960—1980年期间的进步相当有限［关于这一点也参见森（1981c）］。这些问题需要进一步研究，但正如巴拉（1984）所指出的，斯里兰卡在寿命预期和教育方面的大部分改善发生在1960年之前。斯里兰卡在卫生、教育和粮食分配方面的高水平公共干预确实可以追溯到1960年之前的几十年。

[2] 我曾在其他地方［森（1983a）］指出，印度成功地避免了饥荒，这主要是因为相对自由的新闻界和强大的反对党在迫使政府采取救济行动和调整政策方面发挥了积极作用。然而，尽管报纸和反对党的压力帮助保证了印度避免严重的营养不良和饥荒，但它们并没有提供一股强大的力量来对付经常发生的地方性营养不良，这种营养不良在印度很猖獗，但在中国却相对罕见。戏剧性的剥夺引起了媒体和政治反对派的注意，并成为选举议题，而相当连续的持续性和有序的饥饿并不是这样。关于这种对比，参见森（1982c，1983a）；也参见阿什顿等人（Ashton et al.，1984）。

GDP 增长率是否真的远高于印度。这有一点令人感到费解。人们普遍认为，中国的 GNP 增长率要比印度高很多。《1984 年世界发展报告》中给出的数字表明了这一点，并在表 A.2 中得到了体现。《1984 年世界发展报告》还指出，在 1982 年，中国人均 GNP 比印度高出约 19%。如果我们根据 1960—1982 年期间确定的人均 GNP 增长率进行向后的外推，我们会发现，在人均水平意义上，20 世纪 60 年代初期中国的人均 GNP 仅为当时印度水平的一半多一点！这几乎是不可信的，因为所有的估计都表明，在 20 世纪 50 年代这两个国家的系统性计划开始的时候，中国的人均收入与印度的水平相当，甚至中国还要略高于印度的水平。[①]

中国的增长率很可能高于印度，但不是高出很多。中国在 GNP 方面仍然是一个贫穷的国家，在这方面还没有决定性地与印度分道扬镳。两者组别分离的地方，恰恰是在不能将其与人均 GNP 混为一谈的功能性活动和生活水平方面。现在，中国人民群众的能力在许多重要的方面要比印度人民大得多。他们活得更长，有更安全的婴儿期和童年期，可以更有效地处理病痛和

---

① 库兹涅茨（Kuznets，1966，第 360~361 页）估计，中国和印度的人均 GNP 相同，1958 年中国人均产出比印度要高出 20%。

附录 A　一些国际比较

疾病，大多数人都可以读书写字，等等。中国和印度之间在生活水平和功能性活动方面的经济差距，比在 GNP 和商品方面更能说明问题。① 在政策争论的背景下，GNP 的高增长率被赋予了一个真正神圣的地位，这一关于标准和进展的基本点很重要，需要铭记不忘。

表 A.2　估计的增长率和相应的相对收入：中国和印度*

(1)	(2)	(3)	(4)	(5)
	1960—1982 年的人均 GNP 增长率：根据 1984 年的 WDR 估计（%）	对应于 WDR 增长估计的 1960 年人均 GNP 与 1982 年人均 GNP 的比率	1982 年的人均 GNP：根据 1984 年的 WDR 估计（美元）	1960 年人均 GNP：根据 WDR 增长估计值得到的估计（美元）
中国	5.0	0.342	310	106
印度	1.3	0.753	260	196
中国/印度的比率			1.19	0.54

* 步骤和资料来源：这里的计算结果都是基于《1984 年世界发展报告》（WDR）提供的数据。人均 GNP 的增长率来自 WDR（表 1）的估计值。利用这些复合增长率，计算出 1960 年人均 GNP 与 1982 年人均 GNP 的估计比率［第（3）栏］。1982 年人均 GNP［第（4）栏］来自 WDR（表 1）。所谓的 1960 年人均 GNP 是从第（3）栏和第（4）栏推算出来的。

---

① 请注意，这需要一个更根本的偏离，而不是纠正分配差异的 GNP 数字［参见森（1976b，1979a）］。

附录 B　福利、功能性活动和性别偏见：印度的例子

52　　近年来，印度性别差异的存在和程度问题开始受到人们的关注。① 处理这一问题的困难之一源自用于判断男性相对于女性的福利的概念框架。许多社会科学家已经讨论了南亚家庭——特别是农村家庭——是如何被群体福利的思想所支配的，因此在许多人看来，个人福利的概念在这种情况下是不适当的。② 如果从字面上看，这种方法排除了从福利角度审视性别差异的

---

①　例如，参见博斯卢普（Boserup, 1970）、巴丹（Bardhan, 1974, 1982）、耆那（Jain, 1975）、戈帕兰（1979）、米特拉（Mitra, 1980）、米勒（Miller, 1981）、帕德曼那巴（Padmanabha, 1981）、班纳吉（Baneejee, 1982）、耆那和钱德（Jain and Chand, 1982）、罗森茨韦格和舒尔茨（Rosenzweig and Schultz, 1982）、阿加瓦尔（Agarwal, 1984）和联合国儿童基金会（1984）等。

②　参见达斯和尼古拉斯（Das and Nicholas, 1981）对主要论点的明确和有益的陈述。

附录 B　福利、功能性活动和性别偏见：印度的例子

可能性，因为男女在福利之间的对比，不能从"家庭福利"这一复合概念中提取出来。

当然，当这些心理上的程度与"家庭"的状况和地位如此密切相关时，适合个人欲望以及个人的快乐和痛苦的基于效用的福利模型很难应用。另外，如果用功能性活动来判断福利的程度，那么就可以描绘出男女地位之间的对比，并对其进行经验性的研究。这就是本附录的目的所在。①

对不同家庭成员的相对需求的看法可能与社会影响密切相关，例如，家庭户主的需求可能被放大，或妇女的需求被低估。在对印度的一项饥荒后的健康调查中，一个有趣的认知偏差的例子可能说明了这一点。1944 年，即 1943 年孟加拉饥荒之后的一年，在加尔各答附近的辛格乌尔（Singur），全印度卫生和公共健康研究所（All-India Institute of Hygiene and Public Health）在医生所做的体检之外［参见拉尔和希尔（Lal and Seal，1949）］开展了一项健康调查，其中包括了关于对自己健康看法的问题。在接受调查的总体样本中有许多寡妇和鳏夫。在回答是"生病了"还是处于

---

① 本附录在很大程度上借鉴了森（1981b）、金奇和森（1983），以及森和森古普塔（1983）。

"一般"健康状况这一问题时，48.5％的鳏夫（即男性）吐露自己受到了这种状况的折磨，而寡妇的相应比例仅为2.5％。当我们忽略了确实存在一些明确的医疗标准的"生病"这一类别，再来看对一个人是否处于"一般"健康状况的回答时，这种对比就更有趣了。45.6％的鳏夫承认自己感觉处于一般的健康状况。相比之下，有这种感觉的寡妇的比例据报告完全为零！

在处理家庭内的分配问题时，对现实的认识，包括对它的幻想，必须被视为现实的一个重要组成部分。但是，为了更有效地评价男性和女性的福利，我们必须把目光投向其他地方。

另一种办法可以建立在分析男女的商品消费情况，例如食物摄入量的基础上。这些数据很难得到，因为个人饮食和其他消费活动不易精确观察。此外，食物需求的概念框架（例如"所需的卡路里摄入量"）非常不稳定（就像第2章所讨论过的）。比如，卡路里与健康的关系取决于若干因素，例如代谢率、寄生虫病和怀孕。通常使用的"标准"［例如联合国粮农组织/世界卫生组织专家委员会（1973）的标准］也反映了一些相当明确的偏见（例如，妇女工作量的低估）。这些偏见最近受到了广泛的关注。

附录 B 福利、功能性活动和性别偏见：印度的例子

一种更好的方法是观察"功能性活动"本身，这毕竟是与个人福利直接相关的事情。这就是我们在本附录中使用的方法，与这本专著中所展示的分析一致。然而，这里关注的是某些选定的功能性活动，而不是整个清单；关注的也不是加权的总体值。[1]

B.1 不断下降的女性相对于男性的比率

印度更为显著的人口特征之一是所谓的"性别比"，即女性-男性比率（后文称为 FMR）的稳步下降。这一比率在 20 世纪一直低于 1，从 20 世纪初的 0.972 下降到 1981 年最后一次人口普查中的 0.935；表 B.1 列出了各种人口普查中这一比率的值；也参见图 B.1。[2]

---

[1] 有些功能性活动，例如过着健康的生活，可能与诸如"相应年龄段的体重"等粗略的指数有关。这对幼儿而言，要比对成年人更适用。在成年人的情况下，当比较成年男子和成年女子时，确定"标准"的问题变得更为重要了。这方面也有一些有趣的研究［例如参见劳（Rao, 1984），表明了印度农村男性的剥夺相对于印度农村女性更少］。但是，这种比较对"标准男性"应该比"标准女性"有更大权重的程度是非常敏感的。参见威亚纳桑（1984）。

[2] 从这些数字来看，FMR 的下降似乎最终停止了，但有人指出，1971 年的数字严重低估了 FMR，而 1971—1981 年间的明显上升不是真实的。［请参见戴森（Dyson, 1982）。］当然，报告的 FMR 在 1961—1971 年期间的下降幅度非常大——比以往任何十年下降都大得多。不管 1971 年的数字是否低估了 FMR，从过去几十年的长期趋势来看，几乎没有理由相信 FMR 不断下降的日子已经过去。也参见维萨瑞阿（Visaria, 1961）、卡森（1978）、米特拉（1980）以及维萨瑞阿和维萨瑞阿（1981）。

商品与能力

表 B.1　1901—1981 年女性-男性比率（FMR）

年份	FMR
1901	0.972
1911	0.964
1921	0.955
1931	0.950
1941	0.945
1951	0.946
1961	0.941
1971	0.930
1981	0.935

资料来源：帕德曼那巴（1981，第 35 页和第 61 页），来自印度人口普查的"临时性人口总数"。

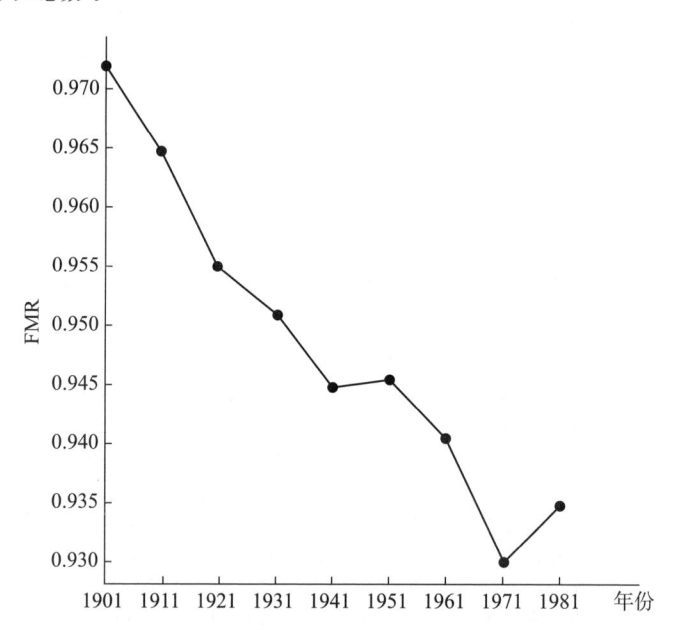

图 B.1　1901—1981 年女性-男性比率（FMR）

附录 B 福利、功能性活动和性别偏见：印度的例子

正如普拉文·维萨瑞阿（Pravin Visaria，1961）令人信服地证明的那样，印度较低的女性-男性比率不能用出生时性别比的差异来解释。真正的问题似乎是死亡率的差别。印度是世界上女性出生时预期寿命低于男性的例外国家之一。一直到 35 岁左右的年龄，女性的特定年龄死亡率都要大大高于男性；参见表 B.2。

表 B.2 按年龄分组的女性死亡率与男性死亡率之比（1976—1978 年）

年龄组（岁）	农村	城市
0～4	1.17	1.04
5～9	1.31	1.59
10～14	1.04	1.40
15～19	1.42	1.57
20～24	1.65	1.45
25～29	1.47	1.27
30～34	1.09	1.07
35～39	0.93	0.89
40～44	0.74	0.82
45～49	0.68	0.64
50～54	0.69	0.69
55～59	0.63	0.75
60～64	0.75	0.76
65～69	0.83	0.77
70 及以上	0.82	0.92
所有年龄	1.06	1.03

资料来源：帕德曼那巴（1981，表 5）。这些数字都是根据"样本登记系统"（Sample Registration System）的结果得出的。

商品与能力

B.2　忽视女童

印度总登记官兼人口普查专员帕德曼那巴（1981）对女性的较高死亡率和女性-男性比率下降提出了以下解释：（1）偏爱男婴导致忽视女婴；（2）某些类型的死亡率在男性和女性之间是有选择性的；（3）产妇流动性高。然而，帕德曼那巴（1981，第35页）指出："尽管事实上可能有人偏爱男婴，但几乎没有证据支持有人故意忽视女婴的观点。"

就最后一个问题而言，确实有一些直接证据表明，特别是在印度北部，对女婴和儿童的忽视程度相对较高。[①] 在生活遭遇困难的时期，歧视的程度可能特别明显。

例如，1978年的大洪水后，在西孟加拉农村许多地区普遍存在的经济危机中，营养不良的发生率——一个关键功能性活动的失灵——在女童当中要远远高于男童。表B.3列出了1~6岁期间的女童营养不良发

---

① 参见森（1981b），以及金奇和森（1983）。也参见米勒（1981）和巴丹（1982）。

附录 B 福利、功能性活动和性别偏见：印度的例子

生率与男童营养不良发生率在三种营养不良类型，也就是Ⅲ级（严重）、Ⅱ～Ⅲ级（中等到严重）以及Ⅰ～Ⅲ级（轻微至严重）中的比率。

表 B.3　女童营养不良发生率与男童营养不良发生率之比
（在 1978 年洪水后的西孟加拉农村地区）

年龄组（月）	Ⅰ～Ⅲ级（轻微至严重的营养不良）	Ⅱ～Ⅲ级（中等到严重的营养不良）	Ⅲ级（严重的营养不良）
0～12	1.26	1.30	1.59
13～24	1.03	1.34	1.44
25～36	1.07	1.35	1.77
37～48	1.05	1.60	1.75
49～60	1.05	1.21	1.17
61～72	0.99	2.17	2.51
总体（0～72）	1.07	1.40	1.59

资料来源：森（1981b）。这些数据来源于联合国儿童基金会（1981）。

虽然总登记官（1981，第 35 页）所说的忽视女童"是一个不确定的领域，还需要进一步调查"显然是正确的，但有一些直接的证据表明，对女童的相对忽视比较明显，特别是在危难时期更是如此。

另一个案例研究来自森和森古普塔（1983），这篇文章涉及对西孟加拉邦的库奇里（Kuchli）和沙哈日普尔（Sahajapur）两个村庄的儿童进行的一项营养调查，这两个村庄分别由 126 户和 205 户家庭组成。一共调查了 236 名 5 岁以下的儿童——90 名来自库奇里

村，146名来自沙哈日普尔村（包括了调查时在当地的所有儿童）。库奇里村有着更好的土地改革历史，只有18%的受调查儿童来自没有土地的家庭，而在沙哈日普尔村，这一比例为60%。

在这两个村庄中，营养不良的总体水平都很高，但在几乎没有土地改革的沙哈日普尔村，营养不良的程度更严重。此外，在这两个村庄中，女孩在各个层次上都系统性地更加营养不良。营养不良的程度是通过实际体重和与年龄相关的预期体重之间的比较来确定的。在该国这一地区，利用标准的"从出生到5岁年龄的体重曲线"，按照向公共卫生工作人员提供的标准医疗建议，将这些儿童分为不同类别：低于曲线Ⅰ（即低于"平均的营养良好儿童"的水平），低于曲线Ⅱ（"营养不良和需要补充喂养"），低于曲线Ⅲ（"严重营养不良"；"咨询医生并听从他的建议"），以及曲线Ⅳ（"必须住院治疗"）。

表B.4分别列出了两个村庄男孩和女孩营养不良的情况，营养不良指数是通过对那些在曲线Ⅰ以下但在曲线Ⅱ（"轻度营养不良"）上或超过曲线Ⅱ的赋予权重1，对那些在曲线Ⅱ以下但在曲线Ⅲ（"中度营养不良"）上或超过曲线Ⅲ的赋予权重2，对那些在曲线

附录 B 福利、功能性活动和性别偏见：印度的例子

Ⅲ以下但在曲线Ⅳ（"严重营养不良"）上或超过曲线Ⅳ的赋予权重3，以及对那些在曲线Ⅳ（"灾难性地营养不良"）以下的赋予权重4而得到的；该指数随后被标准化为0和100之间。

表 B.4 按性别分列的5岁以下儿童营养不良状况百分比

	Ⅰ以下	Ⅱ以下	Ⅲ以下	Ⅳ以下	营养不良指数
沙哈日普尔村					
男孩	94	71	39	6	53
女孩	92	73	44	9	55
库奇里村					
男孩	79	52	19	7	39
女孩	90	75	48	8	55

值得注意的是，儿童营养不良程度较低的村庄，即库奇里村，比营养不良的沙哈日普尔村有更多的性别偏见。事实上，看着表 B.4，人们会得到这样的印象：库奇里村的女孩的表现和沙哈日普尔村的女孩的表现差不多。在儿童平均营养不良程度较低和更大的性别差异这两个方面，库奇里村的整体成绩都要高于沙哈日普尔村，这似乎都是由库奇里村的男孩的营养状况优于沙哈日普尔村的男孩造成的。

虽然表 B.4 显示了基于外生给定的营养标准对儿童健康的评价，但也可以根据各自群体的内部生长动态来评价不同群体的相对表现。儿童体重与年龄之间

的关系可以用一种幂曲线很好地近似(尽管对于 0 岁和刚出生后这段时间,这显然是不完美的)。以下方程适用于不同的群体,w 代表用千克表示的体重,a 为用月份表示的年龄,k 和 p 为两个将要被估计的系数:

$$w = ka^p$$

表 B.5 列出了对于以下四个组别,即沙哈日普尔村男孩、沙哈日普尔村女孩、库奇里村男孩和库奇里村女孩的结果。

表 B.5　年龄-体重增长曲线。幂函数拟合:$w = ka^p$

组别	数量	估计的 k	估计的 p	R^2
沙哈日普尔村				
男孩	80	2.21	0.399 146	0.76
女孩	66	2.31	0.376 124	0.78
库奇里村				
男孩	42	2.27	0.414 923	0.73
女孩	48	2.32	0.373 543	0.63

检验男孩和女孩之间差异的显著性的一种方法是将所有儿童的数据组合起来,然后用一个虚拟变量来代表男孩。在库奇里村的情况下,当将其应用于常数 k 或幂系数 p 的时候,这会产生一个男孩相对于女孩的显著的(在 1% 的水平上)虚拟变量,但在沙哈日普尔村的情况下,两者都不会如此。有趣的是,两个村庄的数据结合

附录 B 福利、功能性活动和性别偏见：印度的例子

在一起，对于男孩而言，无论是常数还是幂系数，都产生了一个显著的虚拟变量。当把男孩的虚拟变量应用到幂系数中时，这种调整会带来更好的效果。

通过应用于如下函数形式，幂系数调整的结果参见表 B.6，

$$\log w = \log k + p \log a + b \log a$$（男孩的虚拟变量）

通过基于占优的序数标准来比较男孩和女孩，可以得到相似的结果。例如，若一个男孩比女孩年轻，而且重量超过后者，就"胜过了"这个女孩。同样地，相反的情况也是如此。在沙哈日普尔村，男孩在这个比较中胜过女孩，要比相反的、女孩胜过男孩的概率多出 30%，而在库奇里村，男孩赢的可能性要大 3.3 倍。

表 B.6 幂系数调整结果

村庄	数量	估计的 $\log k$	估计的 p	估计的 b	R^2	F 统计量
沙哈日普尔村	146	0.817 374 (14.69)	0.382 468 (20.19)	0.009 995 (1.04)	0.78	247.83
库奇里村	90	0.834 599 (8.55)	0.375 766 (12.53)	0.034 900 (2.47)	0.68	91.24
两者	236	0.822 185 (16.55)	0.380 226 (23.52)	0.019 056 (2.38)	0.74	326.31

说明：括号中为 t 统计量。

不难看出，在每个村庄，男孩的生长速度都比女孩快，但在沙哈日普尔村，这种生长差异相对较小，

而在库奇里村这种差异则更为明显。在这两个村庄中，拟合的曲线表明在很小的时候，女孩的体重比男孩大，随着男孩的生长曲线从下方穿过女孩的生长曲线，之后这种差距单调地不断扩大。在沙哈日普尔村，交叉点大约是在6个月的时候，在库奇里村则是在略小于2个月时。女孩在很小的年龄时似乎比男孩略占优势，这似乎与众所周知的女婴与男婴相比，新生儿死亡率较低相对应，（在印度）越过新生儿期之后，女婴死亡率比男婴死亡率系统性地更高了。

应注意的是，就生长曲线而言，沙哈日普尔村女孩的表现与库奇里村女孩非常接近，而库奇里村男孩的表现要比沙哈日普尔村男孩好得多。① 如果沙哈日普尔村和库奇里村之间的这种对比能够被解释为反映了土地改革的影响，以及库奇里村人口相对于沙哈日普尔村人口的其他一般经济优势，那么自然可以得出这样的结论：这些相对优势主要是对男童有利，同时使

---

① 另一种比较性别偏见程度的方法是审视同一家庭中男孩和女孩的相对表现。在沙哈日普尔村的105户家庭中，18户同时有5岁以下的男孩和女孩，其中9户当中女孩的营养状况比男孩差，而5户这样的"男女孩共有"家庭的情况正好相反。在库奇里村的63户家庭中，15户是这样的"男女孩共有"家庭。其中8户为女孩有劣势，有2户为女孩优于男孩。因此在库奇里村，女孩缺乏营养的贫困家庭的差额也比沙哈日普尔村大得多。

附录 B 福利、功能性活动和性别偏见：印度的例子

女童或多或少地保留在原来的状态。①

在森和森古普塔（1983）的文章中，他们从土地所有权、职业结构、喂养方案、教育背景、男孩和女孩的就业机会等方面，对这种差异模式的因果影响因素进行了研究。②

B.3　女性-男性比率的低下与下降

让我们回到女性-男性比率：这一比率的低下必须区别于该比率的不断下降趋势。印度的这一不断下降趋势特别奇怪，因为人们原本预计对女性的偏见将随着经济的发展减少而不是增加。事实上，这种下降趋势与普雷斯顿（Preston 1976，第 121 页）指出的一个共同的人口假设是相反的："很明显，随着死亡率的改善，系统地较高的女性死亡率的频率……单调地下

---

① 然而，虽然那个解读中有一些合理之处，但实际情况更为复杂，因为库奇里村和沙哈日普尔村还有其他不同之处，包括一项在沙哈日普尔村实施的营养干预方案。这样的方案显然具有缩小男孩和女孩之间差距的效果，因为公共喂养方案并不像家庭安排的方式那样明显歧视女孩。关于这一点，参见森和森古普塔（1983）。

② 又可参见罗森茨韦格和舒尔茨（1982）对与性别偏见有关的一些一般激励因素所做的分析，另外可以参见可汗（1984）。

降。"① 在印度，死亡率的整体下降——从1901—1911年的每千人42.6到1976—1978年的每千人14.5——自1921年以来，与女性-男性比率的下降和女性预期寿命的下降同步而行。在20世纪的第一个十年里，男性和女性的预期寿命都非常低，但女性的预期寿命相对较高，为23.3岁，男性则为22.6岁，这两个数字现在都要高得多，但在1976—1977年，女性的平均寿命为50岁，要比男性的51岁短。②

事实上，随着经济和社会的进步，以及印度男性和印度女性的绝对地位都得到了提高，印度女性的相对地位似乎已经落后了。如果我们用长寿的能力来判断福利，那么女性的福利相对于男性已经下降了，尽管两者的预期寿命都有了明显的提高。

B.4 城市化和性别差异

在这方面，值得注意的是，无论是印度农村地区，

---

① 不过，可以参见约翰松（1983）。
② 参见帕德曼那巴（1982，表2）。《1984年世界发展报告》（表23）列出了1982年印度男性和女性的预期寿命数字，分别为55岁和54岁。

附录 B　福利、功能性活动和性别偏见：印度的例子

还是印度城市地区，30 多岁以下的女性的特定年龄死亡率更高（见表 B.2）。事实上，在 5 岁至 20 岁之间的广泛年龄范围内，城市地区的女性死亡率超出男性死亡率的部分要比农村地区更高。虽然在 1901—1981 年期间，城市人口占总人口的比例从 11% 上升到 24%，但是印度这种日益增长的城市化并没有真正成为消除男性与女性死亡率差异的一种强大力量。

事实上，即使是城市医疗设施，男性似乎也比女性使用得更多，同时儿童之间的差别尤其大。[①] 然而，很难将入院和治疗的情况转化为需求满足的情况，因为可以说，入院和治疗的需求可能因性别而异。避免这一问题的一个办法是，研究医院治疗与死亡的比率，这一比率反映了每个死亡病例在医院的医疗处置状况。

表 B.7 显示了在孟买两家主要医院的非妇科和非产科病例中，（1）住院病人与医院死亡的比率，以及（2）住院加门诊病人与城市死亡的比率。[②] 虽然在过去 20 年中，男性治疗比率超过女性治疗比率的程度有所

---

① 参见米勒（1981，第 100~102 页）和那里引用的文献。
② 爱德华七世国王纪念医院和 Seth Gorhendas Sunderdas 医学院、Bai Yamunabai L. Nair 慈善医院和 T. N. M. 学院。这些数据是《大孟买市政专员的行政报告》（*Administrative Reports of the Municipal Commissioner for Greater Bombay*）中收集的。参见金奇和森（1983）。

下降，但男性的这种比率仍然一致性地高于女性。

表 B.7 孟买每单位成人死亡率的医院治疗情况：性别差异

年份	医院1					
	住院病人与医院死亡的比率			住院加门诊病人与城市死亡的比率		
	男性	女性	差异	男性	女性	差异
1955	16.09	11.81	4.28	13.46	6.66	6.80
1956	16.30	11.25	5.05	13.27	6.79	6.48
1957	17.53	11.71	5.82	11.95	6.22	5.73
1958	17.95	13.72	4.23	13.48	7.34	6.14
1959	16.60	11.78	4.82	14.63	8.24	6.39
1960	15.92	11.05	4.87	13.06	7.35	5.71
1961	16.60	12.04	4.56	11.62	8.36	3.26
1962	15.73	11.78	3.95	14.98	8.89	6.09
1963	17.09	14.80	2.29	14.65	9.11	5.54
1964	16.86	14.38	2.48	13.34	8.47	4.87
1965	16.23	13.57	2.66	12.61	8.04	4.57
1966	14.78	12.30	2.48	12.37	8.49	3.87
1967	14.69	12.46	2.23	10.96	8.74	2.22
1968	15.45	11.84	3.61	12.66	9.90	2.76
1969	13.33	11.26	2.07	11.34	8.86	2.48
1970	13.26	11.36	1.90	11.02	8.49	2.53
1971	12.33	10.37	1.96	10.85	8.10	2.75
1972	13.03	10.81	2.22	11.22	8.19	3.03
1973	12.00	10.57	1.43	10.20	7.91	2.29
1974	11.93	12.89	−0.96	9.59	6.91	2.68
1975	12.62	10.33	2.29	—	—	—
1978	11.55	10.46	1.09	—	—	—

附录 B 福利、功能性活动和性别偏见：印度的例子

续表

年份	医院 2 住院病人与医院死亡的比率 男性	女性	差异	住院加门诊病人与城市死亡的比率 男性	女性	差异
1955	16.01	11.71	4.30	4.87	2.56	2.31
1956	14.23	11.50	2.73	5.00	2.91	2.09
1957	13.80	11.51	2.29	4.56	2.62	1.94
1958	13.34	12.27	1.07	5.20	3.05	2.15
1959	14.43	13.05	1.38	5.66	3.31	2.35
1960	15.62	15.54	0.08	5.44	3.08	2.36
1961	17.97	14.04	3.93	5.50	3.14	2.36
1962	18.15	13.97	4.18	5.73	3.20	2.53
1963	17.99	15.91	2.08	5.71	2.27	2.44
1964	17.79	15.63	2.16	5.28	3.01	2.28
1965	18.91	13.00	5.91	4.52	2.36	2.16
1966	16.95	15.27	1.68	4.47	2.38	2.09
1967	16.89	15.99	0.90	4.34	2.79	1.55
1968	18.18	16.70	1.48	4.84	3.06	1.78
1969	15.43	17.10	−1.67	4.88	3.01	1.87
1970	14.44	14.22	0.22	5.55	3.90	1.65
1971	16.72	17.51	−0.79	6.34	3.49	1.97
1972	15.35	15.96	−0.61	6.52	5.00	1.51
1973	16.76	17.43	−0.67	6.13	4.53	1.59
1974	15.80	15.62	0.18	—	—	—
1975	16.48	17.08	−0.60	—	—	—
1978	16.10	16.66	−0.56	—	—	—

说明：—表示关于死亡的数据不可得。

资料来源：金奇和森（1983）。信息来自《大孟买市政专员的行政报告》（年度出版物）。医院数据来自关于爱德华七世国王纪念医院和 Bai Yamunabai L. Nair 慈善医院的各种报告。死亡数字来自行政卫生主任报告中的陈述。门诊病人数字是新病例加上伤亡。城市死亡是指在大孟买地区登记的、年龄超过 15 岁的所有死亡，包括郊区和扩展郊区。

63 儿童的性别差异表现出类似的情况，如表 B.8 所示，男孩的治疗率一直高于女孩。实际上，从百分比来看，儿童的差别通常比成人更明显。更不用说，由从数据中消除妇科和产科病例所引起的复杂性，在儿童的性别对比中也不存在。

表 B.8 孟买每单位儿童死亡率的医院治疗情况[a]

年份	医院 1 住院病人与医院死亡的比率 男童	女童	差异	住院加门诊病人与城市死亡的比率 男童	女童	差异
1955	6.93	5.71	1.23	3.18	1.93	1.25
1956	7.01	6.14	0.87	3.59	2.35	1.24
1957	7.47	7.07	0.40	3.61	2.18	1.43
1958	8.03	6.70	1.33	4.18	2.40	1.79
1959	6.54	6.14	0.40	4.90	2.88	2.03
1960	6.41	6.02	0.40	4.33	2.58	1.75
1961	8.92	7.64	1.28	4.54	2.89	1.67
1962	8.10	7.12	0.98	5.64	3.46	2.18
1963	8.28	6.50	1.78	5.59	3.39	2.20
1964	8.67	7.09	1.58	5.10	3.33	1.76
1965	7.59	5.60	1.99	4.24	2.81	1.43
1966	9.24	7.07	2.17	5.39	3.29	2.10
1967	8.21	7.06	1.15	4.05	2.51	1.54
1968	9.11	7.86	1.25	5.90	3.91	1.99
1969	9.06	7.83	1.23	5.33	3.65	1.68
1970	9.81	8.19	1.63	5.27	3.56	1.71
1971	10.09	8.21	1.88	5.06	3.63	1.43
1972	8.36	7.11	1.25	5.12	3.39	1.74
1973	9.49	8.41	1.08	4.75	3.21	1.52
1974	8.73	7.62	1.11	4.39	2.97	1.43
1975	9.41	8.10	1.32	—	—	—
1978	8.03	7.53	0.50	—	—	—

附录B 福利、功能性活动和性别偏见：印度的例子

续表

年份	医院2 住院病人与医院死亡的比率 男童	女童	差异	住院加门诊病人与城市死亡的比率 男童	女童	差异
1955	6.74	5.43	1.31	1.71	1.51	0.20
1956	6.63	6.48	0.16	1.94	1.58	0.35
1957	7.07	5.85	1.22	1.80	1.45	0.35
1958	6.62	6.17	0.45	1.91	1.37	0.54
1959	7.94	6.25	1.69	2.17	1.64	0.53
1960	6.85	7.08	−0.23	2.03	1.46	0.57
1961	8.84	7.10	1.74	2.03	1.41	0.62
1962	8.17	7.28	0.89	2.38	1.80	0.59
1963	10.55	8.18	2.37	2.42	1.72	0.69
1964	10.81	8.36	2.45	2.18	1.96	0.23
1965	10.81	9.27	1.55	1.61	1.13	0.48
1966	11.15	10.29	0.86	1.43	1.33	0.10
1967	10.08	10.88	−0.79	1.74	1.15	0.59
1968	12.76	9.56	3.19	2.32	1.68	0.64
1969	11.26	9.98	1.28	2.43	1.77	0.67
1970	12.54	10.09	2.44	3.06	2.16	0.90
1971	16.20	11.20	4.99	3.46	2.44	1.02
1972	16.18	12.60	3.58	3.86	2.71	1.15
1973	17.00	13.34	3.56	3.58	2.70	0.88
1974	15.43	13.00	2.44	—	—	—
1975	15.42	12.62	2.80	—	—	—
1978	15.35	11.83	3.52	—	—	—

说明：—表示关于死亡的数据不可得。

资料来源：金奇和森（1983，表4）。治疗和死亡数据针对的是15岁以下的儿童。

虽然这些治疗比率的对比仅仅是基于来自孟买的数据，但是这种状况可能会引起更广泛的研究兴趣。人们有理由认为孟买是印度最先进的城市。事实上，过去十年孟买市的女性死亡率似乎低于男性死亡率①，这是一个在许多印度城市中还没有观察到的逆转现象。即使在孟买市，女性治疗比率的缺口仍然在持续，因此也是特别有趣的，尤其是在儿童的例子当中更是如此。

另一项涉及加尔各答的研究［森（1981b）］，使用来自加尔各答大都市发展局（Calcutta Metropolitan Development Authority）的数据，分析了健康状况意义上的性别差异。表 B.9、表 B.10 和表 B.11 在没有进行精细分析的情况下，展示了一些经验性的结果。

表 B.9 显示了加尔各答及邻近城市和农村地区的女性死亡率超额发生的情况，而且这似乎对每一个年龄组都适用。在这些研究中，研究者更加注意避免前面讨论的辛格乌尔调查所观察到的那种认识偏差，也使用了更客观的医疗标准。这也得益于在 1944—1979 年这 35 年里，加尔各答全体居民的政治化（politiciza-

---

① 参见 1970 年以来《大孟买市政专员的行政报告》中行政卫生主任的一些报告。

附录B 福利、功能性活动和性别偏见：印度的例子

tion），以及对女性身份的更多认同。

表B.9 CMDA区域常住男性和女性居民健康状况差的发生率（%）

健康状况	0~14 男性	0~14 女性	15~25 男性	15~25 女性	26~45 男性	26~45 女性	46~60 男性	46~60 女性	60以上 男性	60以上 女性	所有年龄 男性	所有年龄 女性
加尔各答合计												
Ⅲ	1	3	2	2	1	2	3	4	4	8	1.6	2.8
Ⅲ和中等的	30	30	13	25	18	37	32	47	58	67	23.6	34.4
豪拉和市级城镇												
Ⅲ	3	2	2	1	1	2	3	2	6	5	2.0	2.0
Ⅲ和中等的	35	34	23	33	23	47	47	57	78	73	31.4	41.0
其他城镇和乡村												
Ⅲ	2	1	1	0	1	2	2	0	15	8	1.9	1.5
Ⅲ和中等的	20	20	13	15	14	35	32	47	65	64	19.9	27.0
整个CMDA区域												
Ⅲ	2	2	1	1	1	2	3	2	5	9	1.9	2.2
Ⅲ和中等的	29	28	18	26	19	40	39	49	64	70	26.1	34.7

说明：年龄以岁表示（上一个生日）；数据为每一个年龄-性别组的百分比。
资料来源：森（1981b）。

表B.10说明了对加尔各答的贫民窟及其邻近地区所做的一种类似对比。

表B.11将福利状况与性别及收入关联起来，结果发现，虽然健康状况确实一般会随着收入的增加而有所改善，但对女性的性别差异还是适用于每个收入群体。

印度女性在某些最基本的功能性活动和能力方面的劣势似乎被这些研究证实了。虽然这类研究不能被

看作是确定的,但这里有足够的证据表明印度女性的功能性活动差距,从而在这里将此视为研究印度经济和社会的一个重要问题。

表 B.10 CMDA 区域改善和未改善住房的贫民窟常见男女居民健康状况差的发生率(%)

健康状况	0~14 男性	0~14 女性	15~25 男性	15~25 女性	26~45 男性	26~45 女性	46~60 男性	46~60 女性	60 以上 男性	60 以上 女性	所有年龄 男性	所有年龄 女性
改善的贫民窟												
Ⅲ	3	5	—	—	1	3	—	3	—	18	1.4	4.0
Ⅲ和中等的	22	27	17	18	24	56	40	67	44	53	24.4	38.6
未改善的贫民窟												
Ⅲ	1	1	2	1	—	4	6	3	—	—	1.1	1.6
Ⅲ和中等的	36	38	13	21	21	52	37	61	65	80	27.5	41.1

说明:年龄以岁表示(上一个生日);数据为每一个年龄-性别组的百分比。
资料来源:森(1981b)。

表 B.11 CMDA 区域人均家庭支出分组的常见男女居民健康状况差的发生率(%)

健康状况	0~54 卢比/月 男性	0~54 卢比/月 女性	55~128 卢比/月 男性	55~128 卢比/月 女性	129 及以上卢比/月 男性	129 及以上卢比/月 女性	合计 男性	合计 女性
Ⅲ	2.4	2.5	1.8	2.2	1.6	2.0	1.9	2.2
Ⅲ和中等的	30.6	34.6	26.5	37.1	21.7	28.4	26.0	34.7

说明:数据为每一个性别-支出组的百分比。
资料来源:森(1981b)。

参考文献

Adelman, I., 1975, Development economics—A reassessment of goals, *American Economic Review, Papers and Proceedings* 65.

Adelman, I. and C. T. Morris, 1973, *Economic growth and social equity in developing countries* (Stanford University Press, Stanford, CA).

Agarwal, B., 1984, Rural women and high yielding variety of rice in India, Mimeo (Institute of Economic Growth, Delhi).

Aird, J., 1982, Population studies and population policy in China, *Population and Development Review* 8.

Akerlof, G., 1983, Loyalty filters, *American Economic Review* 73.

Alamgir, M., 1980, *Famine in south Asia—Political economy of mass starvation in Bangladesh* (Oelgeschlager, Gunn and Hain, Cambridge, MA).

Allardt, E., 1973, A welfare model for selecting social indicators of national development, *Policy Sciences* 4.

Allardt, E., 1975, Dimensions of welfare in a comparative Scandinavian study, Research report 9 (Research Group for Comparative Sociology, University of Helsinki, Helsinki).

Allardt, E., 1977, On the relationship between objective and subjective predicaments, Research report 16 (Research Group for Comparative Sociology, University of Helsinki, Helsinki).

Allardt, E., 1981, Experiences from the comparative Scandinavian welfare study, with a bibliography of the project, *European Journal of Political Research* 9.

Anand, S., 1983, *Inequality and poverty in Malaysia: Measurement and decomposition* (Oxford University Press, New York).

Anand, S. and S. Kanbur, 1984, Inequality and development: A reconsideration, in: H.-P. Nissen, ed., *Towards income distribution policies*, EADI-Book Series 3 (University of Paderborn, Paderborn).

Archibald, G. C. and D. Donaldson, 1979, Notes on economic equality, *Journal of Public Economics* 12.

Arrow, K. J., 1951, *Social choice and individual values* (Wiley, New York). 2nd ed., 1963.

Arrow, K. J., 1959, Rational choice functions and orderings, *Economica* 26.

Arrow, K. J., 1977, Extended sympathy and the possibility of social choice, *American Economic Review* 67.

Arrow, K. J., 1982, Why people go hungry, *New York Review of Books* 29, 15 July.

Arrow, K. J. and F. H. Hahn, 1971, *General competitive analysis* (Holden-Day, San Francisco, CA). Republished, 1979 (North-Holland, Amsterdam).

Atkinson, A. B., 1970, On the measurement of inequality, *Journal of Economic Theory* 2. Reprinted in A. B. Atkinson, 1983.

Atkinson, A. B., 1975, *The economics of inequality* (Clarendon, Oxford).

Atkinson, A. B., 1983, *Social justice and public policy* (Wheatsheaf, Brighton and MIT Press, Cambridge, MA).

Atkinson, A. B. and F. Bourguignon, 1982, The comparison of multidimensional distributions of economic status, *Review of Economic Studies* 49.

Aziz, S., ed., 1982, The fight against world hunger, *Development* 4, special issue.

Banerjee, N., 1982, Unorganised women workers: The Calcutta experience (Centre for Studies in Social Sciences, Calcutta).

Barbera, S. and P. K. Pattanaik, 1984, Extending an order on a set to the power set: Some remarks on Kannai and Peleg's approach, *Journal of Economic Theory* 32.

Barberá, S., C. R. Barrett and P. K. Pattanaik,

1984, On some axioms for ranking sets of alternatives, *Journal of Economic Theory* 33.

Bardhan, P. K., 1974, On life and death questions, *Economic and Political Weekly* 9, special issue.

Bardhan, P. K., 1982, Little girls and death in India, *Economic and Political Weekly* 17, 4 Sept.

Barten, A. P., 1964, Family composition, prices and expenditure patterns, in: P. E. Hart, G. Mills and J. K. Whitaker, eds., *Econometric analysis for national economic planning* (Butterworth, London).

Barthelemy, J. P., 1983, Arrow's theorems: Unusual domains and extended codomains, in: P. K. Pattanaik and M. Salles, eds., 1983.

Basu, K., 1984, *The less developed economy: A critique of contemporary theory* (Blackwell, Oxford).

Becker, G. S., 1976, *The economic approach to human behavior* (University of Chicago Press, Chicago, IL).

Becker, G. S., 1981, *A treatise on the family* (Harvard University Press, Cambridge, MA).

Bennett, J., 1979, Goods, needs and social theory,

Mimeo. (Department of Philosophy, Cornell University, Ithaca, NY).

Bentham, J., 1789, *An introduction to the principles of morals and legislation* (Payne). Republished, 1907 (Clarendon, Oxford).

Bentzel, R., 1970, The social significance of income distribution statistics. *Review of Income and Wealth* 16.

Bétteille, A., ed., 1969, *Social inequality* (Penguin, Harmondsworth).

Bhalla, S., 1984, Is Sri Lanka an exception? A comparative study of living standards, Mimeo (World Bank, Washington, DC).

Bhattacharya, N. and G. S. Chatterjee, 1983, A further note on between state variations of levels of living in rural India, forthcoming in: P. K.

Bardhan and T. N. Srinivasan, eds., *Rural poverty in south Asia* (Columbia University, Press, New York).

Blackorby, C. and D. Donaldson, 1978, Measures of relative equality and their meanings in terms of social welfare, *Journal of Economic Theory* 18.

Blackorby, C., D. Donaldson and J. Weymark, 1984, Social choice with interpersonal utility comparisons: A diagrammatic introduction, *International Economic Review* 25.

Borglin, A., 1982, States and persons—On the interpretation of some fundamental concepts in the theory of justice as fairness, *Journal of Public Economics* 18.

Boserup, E., 1970, *Women's role in economic development* (Allen and Unwin, London).

Brandt, R. B., 1979, *A theory of the good and the right* (Clarendon, Oxford).

Broder, I. E. and C. T. Morris, 1983, Socially weighted real income comparisons: An application to India, *World Development* 11.

Broome, J., 1978, Choice and value in economic theory, *Oxford Economic Papers* 30.

Cairncross, A. K., 1958, Economic schizophrenia, *Scottish Journal of Political Economy* 5.

Cassen, R., 1978, *India: Population. economy, society* (Macmillan. London).

Chen, L. C., E. Huq and S. D'Souza, 1981, Sex bias in the family allocation of food and health care in rural Bangladesh, *Population and Development Review* 7.

Chichilnisky, G., 1980, Basic needs and global models: Resources, trade and distribution, *Alternatives* 6.

Chipman, J. S., L. Hurwicz, M. K. Richter and H. F. Sonnenschein, 1971, *Preference, utility and demand* (Harcourt, New York).

Coale, A. J., 1981, Population trends, population policy, and population studies in China, *Population and Development Review* 7.

Cramer, J. S., et. al., eds., 1976, *Relevance and precision* (North-Holland, Amsterdam).

Dalton, H., 1920, The measurement of the inequality of incomes, *Economic Journal* 30.

Das, V. and R. Nicholas, 1981, "Welfare" and "well-being" in south Asian societies, Mimeo (ACLS-SSRC Joint Committee on South Asia, SSRC, New York).

Dasgupta, A., 1978. Underdevelopment, past and present—Some comparisons of pre-industrial levels of living, *Indian Economic and Social History Review* 15.

Dasgupta, P., 1982, *The control of resources* (Blackwell, Oxford).

D'Aspremont, C. and L. Gevers, 1977, Equity and informational basis of collective choice, *Review of Economic Studies* 44.

Davidson, D., 1980, Psychology as philosophy, in: D. Davidson, *Essays on actions and events* (Clarendon, Oxford).

Davidson, S., R. Passmore, J. F. Brock and A. S. Truswell, 1979, *Human nutrition and dietetics* (Churchill Livingstone, Edinburgh).

Deaton, A., 1981, Three essays on a Sri Lanka household survey, LSMS working paper (World Bank, Washington, DC).

Deaton, A., 1984, The demand for personal travel in developing countries: Pricing and policy analysis, Mimeo (Princeton University, Princeton, NJ).

Deaton, A. and J. Muellbauer, 1980, *Economics and consumer behaviour* (Cambridge University Press,

Cambridge).

Debreu, G., 1954, Representation of a preference ordering by a numerical function, in: R. M. Thrall, D. J. Coombs and R. L. Davis, eds., *Decision processes* (Wiley, New York).

Debreu, G., 1959, *A theory of value* (Wiley, New York).

Desai, M. J., 1984, A general theory of poverty, Mimeo, forthcoming in *Indian Economic Review*.

Douglas, M. and B. Isherwood, 1979, *The world of goods* (Basic Books, New York).

Drewnowski, J., 1974, On measuring and planning the quality of life (Institute of Social Studies, The Hague).

Dutta, B., 1980, intersectoral disparities and income distribution in India: 1960-61 to 1973-74, *Indian Economic Review* 15.

Dyson, T., 1982, India's regional demography, Mimeo (London School of Economics, London).

Easterlin, R. A., 1974, Does economic growth improve the human lot?, in: P. A. David and M. W.

参考文献

Reder, eds., *Nations and households in economic growth* (Academic Press, New York).

Edgeworth, F. Y., 1881, *Mathematical psychics: An essay on the application of mathematics to the moral sciences* (Kegan Paul, London).

Elster, J., 1979, *Ulysses and the Sirens* (Cambridge University Press, Cambridge).

Elster, J., 1983, *Sour grapes* (Cambridge University Press, Cambridge).

Engel, E., 1895, Die Lebenskosten belgischer Arbeiter-Familien früher and jetzt, *International Statistical Institute Bulletin* 9.

Erikson, R. and H. Uusitalo, 1984, The Scandinavian approach to welfare research, Mimeo, forthcoming, in: R. Erikson, E. J. Hansen, S. Ringen and H. Uusitalo, eds., 1984.

Erikson, R., E. J. Hansen, S. Ringen and H. Uusitalo, 1984, The Scandinavian way: Welfare states and welfare research, forthcoming.

Executive Health Officer Bombay, 1970 and onwards, Administrative reports to the municipal commissioner for Greater Bombay.

FAO/WHO Expert Committee, 1973, Energy and protein requirements (FAO, Rome).

Fields, G. S., 1980, *Poverty, inequality and development* (Cambridge University Press, Cambridge).

Fishburn, P. C., 1984, Comment on the Kannai-Peleg impossibility theorem for extending orders, *Journal of Economic Theory* 32.

Fisher, F. M. and K. Shell, 1972, *The economic theory of price indices* (Academic Press, New York).

Floud, R. and K. W. Wachter, 1982, Poverty and physical stature: Evidence on the standard of living of London boys 1770-1870, *Social Science History* 6.

Fogel, R. W., S. L. Engerman and J. Trussell, 1982, Exploring the use of data on height: The analysis of long-term trends in nutrition, labour welfare, and labour productivity, *Social Science History* 6.

Foster, J. E., 1984, On economic poverty: A survey of aggregate measures, *Advances in Econometrics* 3.

Ganguli, B. N. and D. B. Gupta, 1976, *Levels of living in India* (Chand, New Delhi).

参考文献

Gärdenfors, P., 1979, Manipulation of social choice functions, in: J. J. Laffont, ed., 1979.

Gevers, L., 1979, On interpersonal comparability and social welfare orderings, *Econometrica* 47.

Ghai, D., A. R. Khan, E. Lee and T. A. Alfthan, 1977, The basic needs approach to development (ILO, Geneva).

Gintis, H., 1974, Welfare criteria with endogenous preferences: The economics of education, *International Economic Review* 15.

Goedhart, Th., V. Halberstadt, A. Kapteyn and B. M. S. Van Praag, 1977, The poverty line: Concept and measurement, *Journal of Human Resources* 12.

Gopalan, C., 1979, The child in India, 13th Jawaharlal Nehru memorial lecture (Jawaharlal Nehru Memorial Fund, New Delhi).

Gopalan, C., 1983, Measurement of undernutrition: Biological considerations, *Economic and Political Weekly* 19, 9 April.

Gorman, W. M., 1953, Community preference fields, *Econometrica* 21.

Gorman, W. M., 1956, The demand for related goods, *Journal paper* J3129 (Iowa Experimental Station, Ames, IA).

Gorman, W. M., 1968, The structure of utility functions, *Review of Economic Studies* 35.

Gorman, W. M., 1976, Tricks with utility function, in: M. J. Artis and A. R. Nobay, eds., *Essays in economic analysis* (Cambridge University Press, Cambridge).

Gosling, J. C. B., 1969, *Pleasure and desire* (Clarendon, Oxford).

Graaff, J. de V., 1957, *Theoretical welfare economics* (Cambridge University Press, Cambridge).

Graaff, J. de V., 1977, Equity and efficiency as components of general welfare, *South African Journal of Economics* 45.

Grant, J. P., 1978, *Disparity reduction rates in social indicators* (Overseas Development Council, Washington, DC).

Griffin, J., 1982, Modern utilitarianism, *Revue Internationale de Philosophie* 141.

参考文献

Griffin, J., 1984, Well-being, Mimeo (Keble College, Oxford).

Griffin, K. and A. R. Khan, 1977, Poverty and landlessness in rural Asia (ILO, Geneva).

Guha, A., 1981, *An evolutionary view of economic growth* (Clarendon, Oxford).

Guhan, S., 1981, A primer on poverty: India and Tamilnadu (Madras Institute of Development Studies, Madras).

Gwatkin, D. R., 1979, Food policy, nutrition planning and survival: The cases of Kerala and Sri Lanka, *Food Policy*, Nov.

Hagenaars, A. J. M. and B. M. S. Van Praag, 1983, A synthesis of poverty line definitions, Report 83.01 (Center for Research in Public Economics, Leyden University, Leyden).

Hammond, P. J., 1976, Equity, Arrow's conditions and Rawls' difference principle, *Econometrica* 44.

Hammond, P. J., 1978, Economic welfare with rank order price weighting, *Review of Economic Studies* 4S.

Hammond, P. J., 1982, Utilitarianism, uncertainty and information, in: A. Sen and B. Williams, eds., 1982.

Haq, Mahbub ul, 1976, *The poverty curtain* (Columbia University Press, New York).

Hare, R. M., 1963, *Freedom and reason* (Clarendon, Oxford).

Hare, R. M., 1976, Ethical theory and utilitarianism, in: H. D. Lewis, ed., *Contemporary British philosophy* (Allen and Unwin, London). Reprinted in A. Sen and B. Williams, eds., 1982.

Hare, R. M., 1981, *Moral thinking: Its levels, method and point* (Clarendon, Oxford).

Harsanyi, J., 1955, Cardinal welfare, individualistic ethics and interpersonal comparisons of utility, *Journal of Political Economy* 63. Reprinted in J. Harsanyi, 1976.

Harsanyi, J., 1976, *Essays in ethics, social behaviour, and scientific explanation* (Reidel, Dordrecht).

Heiner, R. A. and D. J. Packard, 1984, A uniqueness result for extending orders, with application to collective choice as inconsistency resolution, *Journal of Economic Theory* 32.

Hennipman, P., 1976, Pareto optimality: Value judgement or analytical tool, in: J. S. Cramer et al., eds., 1976.

Hennipman, P., 1980, Some notes on Paretian optimality and Wicksellian unanimity, in: E. Kung, ed., Wandlungen in Wirtschaft and Gesellschaft (Tübingen).

Hennipman, P., 1982, Wicksell and Pareto: Their relationship in the theory of public finance, *History of Political Economy* 14.

Herrera, A. O., et al., 1976, *Catastrophe or new society? A Latin American world model* (IDRC, Ottawa).

Herzberger, H. G., 1973, Ordinal preference and rational choice, *Econometrica* 41.

Hicks, J. R., 1939, *Value and capital* (Clarendon, Oxford).

Hicks, J. R., 1981, *Wealth and welfare* (Blackwell, Oxford).

Hirsch, F., 1976, *Social limits to growth* (Harvard University Press, Cambridge, MA).

Hirschman, A. O., 1982, *Shifting involvements* (Princeton University Press, Princeton, NJ).

Hirschman, A. O., 1984, Against parsimony: Three easy ways of complicating some categories of economic discourse, *Bulletin of the American Academy of Arts and Sciences* 37, May.

Holzman, R., 1984, An extension of Fishburn's theorem of extending orders, *Journal of Economic Theory* 32.

Houthakker, H. S., 1950, Revealed preference and utility function, *Economica* 117.

Hurley, S., 1984, Objectivity and disagreement, Mimeo (All Souls College, Oxford). Forthcoming in T. Honderich, ed., *Ethics and objectivity* (Macmillan, London).

ILO, 1976, Employment, growth and basic needs: A one world problem (ILO, Geneva).

ILO, 1984, World labour report (ILO, Geneva).

Islam, N., 1977, *Development planning in Ban-*

gladesh: *A study in political economy* (Hurst, London).

Jain, D., ed., 1975, Indian women (Government of India, New Delhi).

Jain, D. and M. Chand, 1982, Report on a time allocational study—Its methodological implications (Institute of Social Studies Trust, New Delhi).

Johansson, S. R., 1973, The level of living survey: A presentation, *Acta Sociologica* 16.

Johansson, S. R., 1983, Deferred infanticide: Excess female mortality during childhood, Mimeo (University of California Group in Demography, Berkeley, CA).

Johnson, D. Gale and E. Schuh, eds., 1983, *The role of markets in the world food economy* (West View Press, Boulder, CO).

Jorgenson, D. W. and D. T. Slesnick, 1984a, Inequality in the distribution of individual welfare, *Advances in Econometrics* 3.

Jorgenson, D. W. and D. T. Slesnick, 1984b, Aggregate consumer behaviour and the measurement of inequality, *Review of Economic Studies* 51.

Jorgenson, D. W., L. J. Lau and T. M. Stoker, 1980, Welfare comparison under exact aggregation, *American Economic Review* 70.

Jorgenson, D. W., D. T. Slesnick and T. M. Stoker, 1983, Exact aggregation over individuals and commodities, Discussion paper 1005 (Harvard Institute of Economic Research, Cambridge, MA).

Kakwani, N. C., 1980, *Income inequality and poverty* (Oxford University Press, New York).

Kakwani, N. C., 1981, Welfare measures: An international comparison, *Journal of Development Economics* 8.

Kandolin, I. and H. Uusitalo, 1980, Scandinavian men and women: A welfare comparison, Research report 28 (Research Group for Comparative Sociology, Helsinki University, Helsinki).

Kanger, S., 1972, Measurement: An essay in philosophy science, *Theoria* 38.

Kanger, S., 1975, Choice based on preference, Mimeo (Department of Philosophy, Uppsala University,

Uppsala).

Kannai, Y. and B. Peleg, 1984, A note on the extension of an order on a set to the power set, *Journal of Economic Theory* 32.

Kapteyn, A., 1977, A theory of preference formation, Ph. D. thesis (Leyden University, Leyden).

Kapteyn, A. and B. M. S. Van Praag, 1976, A new approach to the construction of family equivalent scales, *European Economic Review* 7.

Kapteyn, A. and T. J. Wansbeek, 1982a, The individual welfare function: Measurement, explanation and policy applications, *Statistical Studies* 32.

Kapteyn, A. and T. J. Wansbeek, 1982b, Empirical evidence on preference formation. *Journal of Economic Psychology* 2.

Kelly, J. S., 1978, *Arrow impossibility theorems* (Academic Press, New York).

Khan, Q. M., 1984, Is mother's schooling the key to reducing female child mortality in south Asia?, Mimeo (Bowdoin College, Brunswick, ME).

Kolm, S. Ch., 1969. The optimal production of

social justice, in: J. Margolis and H. Guitton, eds., *Public economics* (Macmillan, London).

Koopmans, T. C., 1964, On the flexibility of future preferences, in: M. W. Shelly and G. L. Bryan, eds., *Human judgments and optimality* (Wiley, New York).

Kreps, D. M., 1979, A representation theorem for "preference for flexibility", *Econometrica* 47.

Kuznets, S., 1966, *Modern economic growth* (Yale University Press, New Haven, CT).

Kynch, J. and A. K. Sen, 1983, Indian women: Well-being and survival, *Cambridge Journal of Economics* 7.

Laffont, J. J., ed., 1979, *Aggregation and revelation of preferences* (North-Holland, Amsterdam).

Lal, R. B. and S. C. Seal, 1949, General rural health survey: Singur health centre 1944 (All-India Institute of Hygiene and Public Health, Calcutta).

Lancaster, K. J., 1966, A new approach to consumer theory, *Journal of Political Economy* 74.

Lancaster, K. J., 1971, *Consumer demand: A*

new approach (Columbia University Press, New York).

Lindbeck, A., 1983, Interpreting income distributions in a welfare state: The case of Sweden, *European Economic Review* 22.

Lipton, M., 1968, Assessing economic performance (Staples, London).

Lipton, M., 1982, Poverty undernutrition and hunger, Mimeo (Country Policy Unit, World Bank, Washington, DC).

Littie, I. M. D., 1950, *A critique of welfare economics* (Clarendon, Oxford). 2nd ed., 1957.

Mackie, J. L., 1977, *Ethics: Inventing right and wrong* (Penguin, Harmondsworth).

Majumdar, M. and A. K. Sen, 1976, A note on representing partial orderings, *Review of Economic Studies* 43.

Malinvaud, E., 1972, *Lectures in microeconomic theory* (American Elsevier, New York).

Margolis, H., 1982, *Selfishness, altruism and rationality* (Cambridge University Press, Cambridge).

Marshall, A., 1890, *Principles of economics* (Macmillan, London).

Marx, K., 1875, Critique of the Gotha programme. English translation, 1938 (International Publishers, New York).

Marx, K., 1887, *Capital: A critical analysis of capitalist production*, Vol. I. English translation (Sonnenschein, London).

Maskin, E., 1978, A theorem on utilitarianism, *Review of Economic Studies* 45.

Miller, B., 1981, *The endangered sex: Neglect of female children in rural north India* (Cornell University Press, Ithaca, NY).

Mirrlees, J. A., 1982, The economic uses of utilitarianism, in: A. Sen and B. Williams. eds., 1982.

Mitra, A., 1980, *Implications of declining sex ratio in India's population* (Allied Publishers, Bombay).

Morris, M. D., 1979, *Measuring the conditions of the world's poor: The physical quality of life index* (Pergamon, Oxford).

Muellbauer, J., 1977a, The cost of living, Social Security Research (HMSO, London).

Muellbauer, J., 1977b, Testing the Barten model of household composition effects and the cost of children, *Economic Journal* 87.

Mundle, S., 1984, Recent trends in the conditions of children in India: A statistical profile, *World Development* 12:

Nagel, T., 1970, *The possibility of altruism* (Clarendon, Oxford).

Nagel, T., 1980, The limits of objectivity, in: S. McMurrin, ed., *Tanner lectures on human values* (Cambridge University Press, Cambridge).

Naoroji, Dadabhai, 1871, *Poverty and un-British rule in India*. Reprinted, 1962 (Delhi).

Ng, Y.-K., 1979, *Welfare economics* (Macmillan, London).

Ng, Y.-K., 1981, Welfarism: A defence against Sen's attack, *Economic Journal* 91.

Nitzan, S. I. and P. K. Pattanaik, 1984, Median-based extensions of an ordering over a set to the power set: An axiomatic characterization, Mimeo.

Osmani, S. R., 1982, *Economic inequality and group welfare* (Clarendon, Oxford).

Padmanabha, P., 1981, Provisional population totals, Series-I India, Paper-1, Census of India 1981 (Office of the Registrar General of India, New Delhi).

Pant, P., et al., 1962, Perspective of development: 1961-76, Implications of planning for a minimum level of living (Perspective Planning Division, Planning Commission of India, New Delhi).

Parfit, D., 1984, *Reasons and persons* (Clarendon, Oxford).

Patel, S. J., 1965, *Essays on economic transition* (Asia Publishing House, London).

Pattanaik, P. K. and B. Peleg, 1984, An axiomatic characterization of the lexicographic maximin extension ordering over a set to the power set, *Social Choice and Welfare* 1.

Pattanaik, P. K. and M. Salles, eds., 1983, *Social choice and welfare* (North-Holland, Amsterdam).

Peleg, B., 1970, Utility functions for partially ordered topological spaces, *Econometrica* 38.

Pen, J., 1971, *Income distribution* (Allen Lane, London).

People's Republic of China, 1981, *Foreign Broadcast Information Service* 58, 26 March.

Phillips, L., H. L. Votey and S. E. Haynes, 1979, Illness, household production, and the demographic transition, Mimeo.

Pigou, A. C., 1920, *Economics of welfare* (Macmillan, London).

Pigou, A. C., 1952, *Economics of welfare*. Fourth ed., with eight new appendices (Macmillan, London).

Pollak, R. A., 1978, Endogenous tastes in demand and welfare analysis, *American Economic Review, Papers and Proceedings* 68.

Pollak, R. A., 1983, Welfare comparisons and equivalent scales revisited, Mimeo (University of Pennsylvania, Philadelphia, PA).

Pollak, R. A. and T. J. Wales, 1979, Welfare

comparisons and equivalent scales, *American Economic Review*, *Papers and Proceedings* 69.

Prais, S. J. and H. S. Houthakker, 1955, *The analysis of family budgets* (Cambridge University Press, Cambridge). 2nd ed., 1971.

Preston, S. H., 1976, *Mortality patterns in national population* (Academic Press, New York).

Quandt, R. E., 1970. *The demand for travel* (Heath, Lexington, MA).

Radhakrishna, R. and A. Sarma, 1980, Intertemporal comparisons of welfare in India, Mimeo.

Ramsey. F. P., 1926, Truth and probability, in: F. P. Ramsey, 1978.

Ramsey, F. P., 1978, *Foundations: Essays in philosophy, logic, mathematics and economics* (Routledge, London).

Rand, W. M., R. Uauy and N. S. Scrimshaw, 1984, Protein-energy-requirement studies in developing countries: Results of international research (United Nations University, Tokyo).

Rao, K. S. Jaya, 1984, Undernutrition among

adult Indian males, *NFI Bulletin* 5.

Ravallion, M., 1985, The performance of rice markets in Bangladesh during the 1974 famine, *Economic Journal*, forthcoming.

Rawls, J., 1971, *A theory of justice* (Harvard University Press, Cambridge, MA and Clarendon, Oxford).

Richter, M. K., 1971, Rational choice, in: J. S. Chipman, L. Hurwicz, M. K. Richter and W. F. Sonnenschein, 1971.

Ringen, S., 1984, Towards a third stage in the measurement of poverty, presented to Annual Conference of the Swedish Sociological Association, Feb.

Robbins, L., 1938, Interpersonal comparisons of utility, *Economic Journal* 48.

Roberts, K. W. S., 1980a, Interpersonal comparability and social choice theory, *Review of Economic Studies* 47.

Roberts, K. W. S., 1980b, Price independent welfare prescriptions, *Journal of Public Economics* 13.

Roos, J. P., 1973, Welfare theory and social science. A study in policy science, *Commentationers Scientiarum Socialium* 4.

Roos, J. P., 1978, Subjective and objective welfare: A critique of Erik Allardt, Research report 18 (Research Group for Comparative Sociology, University of Helsinki, Helsinki).

Rosenzweig, M. R. and T. P. Schultz, 1982, Market opportunities, genetic endowments, and intrafamily resource distribution: Child survival in rural India, *American Economic Review* 72.

Rothbarth, E., 1941, The measurement of change in real income under conditions for rationing, *Review of Economic Studies* 8.

Samuelson, P. A., 1938, A note on the pure theory of consumer's behaviour, *Economica* 5. An addendum, *Economica* 5.

Samuelson, P. A., 1947, *Foundations of economic analysis* (Harvard University Press, Cambridge, MA).

Sastry, S. A. R., 1977, Sen's welfare measure and the ranking of regions: Study of rural Andhra Pradesh, *Asian Economic Review* 19.

Scanlon, T. M., 1975, Preference and urgency, *Journal of Philosophy* 72.

Scanlon, T. M., 1982, Contractualism and utilitarianism, in: A. Sen and B. Williams, eds., 1982.

Scitovsky, T., 1976, *The joyless economy* (Oxford University Press, New York).

Scrimshaw, N. S., 1977, Effect of infection on nutrition requirements, *American Journal of Clinical Nutrition* 30.

Sen, A. K., 1970a, *Collective choice and social welfare* (Holden-Day, San Francisco). Republished, 1979 (North-Holland, Amsterdam).

Sen, A. K., 1970b, Interpersonal aggregation and partial comparability, *Econometrica* 38. Reprinted in A. K. Sen, 1982a. A correction, *Econometrica* 40, 1972.

Sen, A. K., 1971, Choice functions and revealed preference, *Review of Economic Studies* 38. Reprinted in A. K. Sen, 1982a.

Sen, A. K., 1973a, *On economic inequality* (Clarendon, Oxford and Norton, New York).

Sen, A. K., 1973b, Behaviour and the concept of

preference, *Economica* 40. Reprinted in A. K. Sen, 1982a.

Sen, A. K., 1973c, On the development of basic income indicators to supplement GNP measures, *Economic Bulletin for Asia and the Far East* (United Nations) 24.

Sen, A. K., 1976a, Poverty: An ordinal approach to measurement, *Econometrica* 44. Reprinted in A. K. Sen, 1982a.

Sen, A. K., 1976b, Real national income, *Review of Economic Studies* 43. Reprinted in A. K. Sen, 1982a.

Sen, A. K., 1977a, Rational fools: A critique of the behavioural foundations of economic theory, *Philosophy and Public Affairs* 6. Reprinted in A. K. Sen, 1982a.

Sen, A. K., 1977b, On weights and measures: Informational constraints in social welfare analysis, *Econometrica* 45. Reprinted in A. K. Sen, 1982a.

Sen, A. K., 1979a, The welfare basis of real income comparisons, *Journal of Economic Literature* 17. Reprinted in A. K. Sen, 1984a.

Sen, A. K., 1979b, Interpersonal comparisons of

welfare, in: M. Boskin, ed. *Economics and human welfare: Essays in honour of Tibor Scitovsky* (Academic Press, New York). Reprinted in A. K. Sen, 1982a.

Sen, A. K., 1979c, Personal utilities and public judgments: Or what's wrong with welfare economics?, *Economic Journal* 89. Reprinted in A. K. Sen, 1982a.

Sen, A. K., 1980a, Plural utility, *The Proceedings of the Aristotelian Society* 81.

Sen, A. K., 1980b, Equality of what?, in: S. McMurrin, ed., *Tanner lectures on human values* (Cambridge University Press, Cambridge). Reprinted in A. K. Sen, 1982a.

Sen, A. K., 1981a, *Poverty and famines: An essay on entitlement and deprivation* (Clarendon, Oxford).

Sen, A. K., 1981b, Family and food: Sex-bias in poverty, Mimeo, forthcoming in: P. K. Bardhan and T. N. Srinivasan, eds., *Rural poverty in south Asia* (Columbia University Press, New York). Also in A. K. Sen, 1984a.

Sen, A. K., 1981c, Public action and the quality

of life in developing countries, *Oxford Bulletin of Economics and Statistics* 43.

Sen, A. K., 1982a, *Choice, welfare and measurement* (Blackwell, Oxford and M. I. T. Press, Cambridge, MA).

Sen, A. K., 1982b, Rights and agency, *Philosophy and Public Affairs* 11.

Sen, A. K., 1982c, How is India doing?, *New York Review of Books*, Christmas.

Sen, A. K., 1983a, Development: Which way now?, *Economic Journal* 93. Reprinted in A. K. Sen, 1984a.

Sen, A. K., 1983b, Evaluator relativity and consequential evaluation, *Philosophy and Public Affairs* 12.

Sen, A. K., 1983c, Goods and people, Plenary lecture, Seventh world congress of the International Economic Association. Published in A. K. Sen, 1984a.

Sen, A. K., 1983d, Economics and the family, *Asian Development Review* 1. Reprinted in A. K. Sen, 1984a.

Sen, A. K., 1983e, Poor, relatively speaking,

Oxford Economic Papers 35. Reprinted in A. K. Sen, 1984a.

Sen, A. K., 1984a, *Resources, values and development* (Blackwell, Oxford and Harvard University Press, Cambridge, MA).

Sen, A. K., 1984b, The living standard, *Oxford Economic Papers* 36.

Sen, A. K., 1984c, Women, technology and sexual divisions, Mimeo, paper prepared for an UNCTAD/INSTRAW conference.

Sen, A. K., 1985a, Well-being, agency and freedom: The Dewey lectures 1984, *Journal of Philosophy* 82.

Sen, A. K., 1985b, Social choice theory, in: K. J. Arrow and M. D. Intriligator, eds., *Handbook of mathematical economics*, Vol. 3 (North-Holland, Amsterdam).

Sen, A. K. and S. Sengupta, 1983, Malnutrition of rural children and the sex bias, *Economic and Political Weekly* 19, annual number.

Sen, A. and B. Williams, eds., 1982, *Utilitarianism and beyond* (Cambridge University Press, Cambridge).

Shorrocks, A. F., 1983, Ranking income distributions, *Economica* 50. Sidgwick, H., 1874, *Methods of ethics* (Macmillan, London). Reissued, 7th ed., 1962.

Silber, J., 1983, ELL (the Equivalent Length of Life) or another attempt at measuring development, *World Development* 11.

Simon, J. L., 1974, Interpersonal welfare comparisons can be made -and used for redistribution decisions, *Kyklos* 27.

Smith, Adam, 1776, *An inquiry into the nature and causes of the wealth of nations.* Republished (Home University Library, London).

Solimano, G. and L. Taylor, 1980, Food price policies and nutrition in Latin America (United Nations University, Tokyo).

Srinivasan, T. N., 1983, Hunger: Defining it, estimating its global incidence, and alleviating it, in: D. Gale Johnson and E. Schuh, eds., 1983.

Stewart, F., 1985, *Planning to meet basic needs* (Macmillan, London).

Strasnick, S., 1976, Social choice theory and the

derivation of Rawls' difference principle, *Journal of Philosophy* 73.

Streeten, P., 1981a, *Development perspectives* (Macmillan, London).

Streeten, P., 1981b, with S. J. Burki, Mahbub ul Haq, N. Hicks and F. Stewart, *First things first: Meeting basic needs in developing countries* (Oxford University Press, New York).

Streeten, P. and S. Burki, 1978, Basic needs: Some issues, *World Development* 6.

Sukhatme, P. V., 1977, Nutrition and poverty (Indian Agricultural Research Institute, New Delhi).

Sun Yefang, 1981, Article in *Jingji Guanli (Economic Management)*, no. 2, 15 Feb. English translation in People's Republic of China, 1981.

Suppes, P., 1966, Some formal models of grading principles, *Synthese* 6.

Suzumura, K., 1983, *Rational choice, collective decisions and social welfare* (Cambridge University Press, Cambridge).

Taylor, L., 1977, Research directions in income

distribution, nutrition, and the economics of food, *Food Research Institute Studies* 16.

Tinbergen, J., 1970, A positive and normative theory of income distribution, *Review of Income and Wealth*.

Townsend, P., 1979, *Poverty in the United Kingdom* (Penguin, Harmondsworth).

UNICEF, 1981, A sample survey report on the health and nutrition status of children covered by the mother and child care programme (UNICEF, Calcutta).

UNICEF, 1984, An analysis of the situation of children in India (UNICEF, New Delhi).

Uusitalo, H., 1975, Income and welfare. A study of income as a component of welfare, Research report 8 (Research Group for Comparative Sociology, University of Helsinki, Helsinki).

Uusitalo, H., 1978, Education and welfare, Research report 15 (Research Group for Comparative Sociology, University of Helsinki, Helsinki).

Vaidyanathan, A., 1984, Food consumption and

the size of people: Some Indian evidence, Working paper 186 (Centre for Development Studies, Trivandrum).

Van Herwaarden, F. G. and A. Kapteyn, 1981, Empirical comparison of the shape of welfare functions, *European Economic Review* 15.

Van Herwaarden, F. G., A. Kapteyn and B. M. S. Van Praag, 1977, Twelve thousand individual welfare functions of income: A comparison of six samples of Belgium and the Netherlands, *European Economic Review* 9.

Van Praag, B. M. S., 1968, *Individual welfare functions and consumer behaviour* (North-Holland, Amsterdam).

Van Praag, B. M. S., 1971, The welfare function of income in Belgium: An empirical investigation, *European Economic Review* 2.

Van Praag, B. M. S., 1976, The individual welfare function and its offspring, in: J. S. Cramer, et al., eds., 1976.

Van Praag, B. M. S., 1978, The perception of

welfare inequality, *European Economic Review* 10.

Van Praag, B. M. S. and A. Kapteyn, 1973, Further evidence on the individual welfare function of income: An empirical investigation in the Netherlands, *European Economic Review* 4.

Van Praag, B. M. S., T. Goedhart and A. Kapteyn, 1980, The poverty line: A pilot survey in Europe, *Review of Economics and Statistics* 62.

Van Praag, B. M. S., A. J. M. Hagenaars and W. Van Eck, 1981, The influence of classification and observation errors on the measurement of income inequality, Report 80. 02 (Center for Research in Public Economics, Leyden University, Leyden).

Van Praag, B. M. S., A. J. M. Hagenaars and H. Van Weeren, 1982, Poverty in Europe, *Journal of Income and Wealth* 28.

Van Praag, B. M. S., A. Kapteyn and F. G. Van Herwaarden, 1978, The individual welfare function of income: A lognormal distribution function, *European Economic Review* 10.

Van Praag, B. M. S., J. S. Spit and H. Van de

Stadt, 1982, A comparison between the food ratio poverty line and the Leyden poverty line, *Review of Economics and Statistics* 64.

Visaria, P., 1961, The sex ratio of the population of India, Monograph 10, Census of India 1961 (Office of the Registrar General, New Delhi).

Visaria, P. and L. Visaria, 1981, Population scene after 1981 census, *Economic and Political Weekly* 17, special number.

Von Weiszäcker, C. C., 1971, Notes on endogenous change of tastes, *Journal of Economic Theory* 3.

Wedderburn, D., 1961, *The aged in the welfare state* (Bell, London).

Weymark, J. A., 1984, Arrow's theorem with social quasi-orderings, *Public Choice* 42.

Williams, B., 1973, A critique of utilitarianism, in: J. J. C. Smart and B. Williams, eds., *Utilitarianism: For and against* (Cambridge University Press, Cambridge).

Williams, B., 1981, *Moral luck* (Cambridge University Press, Cambridge).

Williams, B., 1985, *Ethics and the limits of philosophy* (Fontana, London and Harvard University Press, Cambridge, MA).

World Bank, 1983, *World development report 1983* (Oxford University Press, Oxford).

World Bank, 1984, *World development report 1984* (Oxford University Press, Oxford).

Yaari, M. E. and M. Bar-Hillel, 1984, On dividing justly, *Social Choice and Welfare* 1.

Zhu Zhengzhi, 1980, Article in *Jingji Kexue*, no. 3.

人名索引[*]

A

阿德尔曼 Adelman, I., 30

阿加瓦尔 Agarwal, B., 52

阿克洛夫 Akerlof, G., 3

阿勒特 Allardt, E., 21

阿南德 Anand, S., ix, 18

阿奇博尔德 Archibald, G. C., 38

阿罗 Arrow, K. J., 13, 16, 18, 34, 35, 36

阿什顿 Ashton, B., 49

---

[*] 人名索引中人名后所列页码为英文原书页码，即本书边码。

阿特金森 Atkinson, A. B., 4, 18, 32

B

班纳吉 Banerjee, N., 52

巴贝拉 Barberá, S., 38

巴丹 Bardhan, P. K., 52, 56

巴尔-希勒 Bar-Hillel, M., 6

巴雷特 Barrett, C. R., 38

巴腾 Barten, A. P., 28

巴特尔米 Barthelemy, J. P., 35

巴苏 Basu, K., 3

贝克尔 Becker, G. S., 10, 28

班尼特 Bennett, J., 31

边沁 Bentham, J., 2, 12, 36

巴拉 Bhalla, S., 49

巴达查利雅 Bhattacharya, N., 32

布莱克比 Blackorby, C., 34

伯格林 Borglin, A., 13

博斯卢普 Boserup, E., 52

布吉尼翁 Bourgignon, F., 32

勃兰特 Brandt, R. B., 12

布罗德 Broder, I. E., 32

布罗姆 Broome, J., ix, 13, 24

伯基 Burki, S., 30

C

凯恩克罗斯 Cairncross, A. K., 10

卡森 Cassen, R., 54

钱德 Chand, M., 52

查特基 Chatterjee, G. S., 32

陈 Chen, L. C., 28

奇奇尼斯基 Chichilnisky, G., 30

奇普曼 Chipman, J. S., 6

科拉德 Collard, D., ix

D

达格利亚诺 D'Agliano, L., ix

道尔顿 Dalton, H., 14

达斯 Das, V., 52

达斯普雷蒙特 D'Aspremont, C., 34, 35

迪顿 Deaton, A., 6, 24

德布鲁 Debreu, G., 6, 24

德赛 Desai, M. J., 16, 18

唐纳德森 Donaldson, D., 34, 38

道格拉斯 Douglas, M., 6

德索萨 D'Souza, S., 28

杜塔 Dutta, B., 32

德沃金 Dworkin, R., ix

戴森 Dyson, T., 54

E

伊斯特林 Easterlin, R. A., 29

埃奇沃思 Edgeworth, F. Y., 1, 12

埃尔斯特 Elster, J., 13

恩格尔 Engel, E., 28

恩格曼 Engerman, S. L., 30

埃里克森 Erikson, R., 31

F

菲尔茨 Fields, G. S., 18

菲什本 Fishburn, P. G., 38

费希尔 Fisher, F. M., 27

弗劳德 Floud, R., 30

人名索引

福格尔 Fogel, R. W., 30

福斯特 Foster, J. E., 18

G

甘古力 Ganguli, B. N., 30

嘉登弗斯 Gärdenfors, P., 38

格韦尔斯 Gevers, L., 34, 35

加伊 Ghai, D., 30

金提斯 Gintis, H., 27

戈德哈特 Goedhart, Th., 29

戈帕兰 Gopalan, C., 28, 30, 52

戈尔曼 Gorman, W. M., 6, 34

戈斯林 Gosling, J. C. B., 2, 12

格拉夫 Graaff, J. de V., 32, 34

格兰特 Grant, J. P., 30

格里芬 Griffin, J., 12, 16

格里芬 Griffin, K., 30

古哈 Guha, A., 30

古汉 Guhan, S., 30

古普塔 Gupta, D. B., 30

格瓦特金 Gwatkin, D. R., 30

H

哈根纳斯 Hagenaars, A. J. M., 29

哈尔博斯塔特 Halberstadt, V., 29

哈蒙德 Hammond, P. J., 20, 32, 34, 35

哈克 Haq, M., 30

黑尔 Hare, R. M., 2, 12, 16, 24, 36, 37

海萨尼 Harsanyi, J., 12, 13, 16, 34, 35, 36

海纳 Heiner, R. A., 38

赫尔姆 Helm, D., ix

赫利普曼 Hennipman, P., ix, 13

赫雷拉 Herrera, A. O., 30

赫兹伯格 Herzberger, H. G., 13

希克斯 Hicks, J. R., 12

赫施 Hirsch, F., 3

赫希曼 Hirschman, A. O., 3, 13

霍尔兹曼 Holzman, R., 38

霍萨克 Houthakker, H. S., 13, 28

胡克 Huq, E., 28

赫里 Hurley, S., 37

赫维茨 Hurwicz, L., 6

I

伊舍伍德 Isherwood, B., 6

J

耆那 Jain, D., 52

约翰松 Johansson, S., 31

约翰松 Johansson, S. R., 61

乔根森 Jorgenson, D. W., 4, 14

K

卡克瓦尼 Kakwani, N. C., 18, 30

坎布尔 Kanbur, S. (Ravi), ix, 18

坎多林 Kandolin, I., 31

坎格 Kanger, S., 41

坎奈 Kannai, Y., 38, 41

卡普廷 Kapteyn, A., 29, 34

可汗 Khan, A. R., 30

可汗 Khan, Q. M., 16, 60

科尔姆 Kolm, S. Ch., 4

库普曼斯 Koopmans, T. C., 38, 42

克雷普斯 Kreps, D. M, 38, 41, 42

库兹涅茨 Kuznets, S., 50

金奇 Kynch, J., ix, 28, 52, 56, 63, 62-64

L

拉尔 Lal, R. B., 53

兰开斯特 Lancaster, K. J., 6

劳 Lau, L. J., 14

林德贝克 Lindbeck, A., 4

利普顿 Lipton, M., 30

里特尔 Little, I. M. D., 24, 34

M

麦基 Mackie, J. L., 23, 37

马将达 Majumdar, M., 21, 24

马戈利斯 Margolis, H., 3, 13

马歇尔 Marshall, A., 1, 12

马克思 Marx, K., 19. 31

马斯金 Maskin, E., 34

米勒 Miller, B., 52, 56, 61

米尔利斯 Mirrlees, J. A., ix, 12, 16, 20, 34, 36

米特拉 Mitra, A., 52, 54

莫里斯 Morris, C. T., 30, 32

莫里斯 Morris, M. D., 30

米尔鲍尔 Muellbauer, J., ix, 6, 28

孟德尔 Mundle, S., 30

N

纳格尔 Nagel, T., 13, 22

瑙罗吉 Naoroji, D., 30

黄有光 Ng, Y. K., 34

尼古拉斯 Nicholas, R., 52

尼赞 Nitzan, S. J., 38

O

奥斯马尼 Osmani, S. R., 4

P

帕卡德 Packard, D. J., 38

帕德曼那巴 Padmanabha, P., 52, 56, 61

潘特 Pant, P., 30

帕菲特 Parfit, D., ix, 24

帕特尔 Patel, S. J. , 18

帕塔奈克 Pattanaik, P. K. , 38

佩莱格 Peleg, B. , 24, 38. 41

彭 Pen, J. , 4, 18

庇古 Pigou, A. C. , 1, 2, 12

波拉克 Pollak, R. A. , 28

普拉斯 Prais, S. J. , 28

普雷斯顿 Preston, S. H. , 61

R

拉姆齐 Ramsey, F. P. , 1, 2, 12, 36

兰德 Rand, W. M. , 17

劳 Rao, K. S. Jaya, 53

拉瓦雷 Ravallion, M. , 16

劳尔斯 Rawls, J. , 42

李希特 Richter, M. K. , 6, 13, 24

林根 Ringen, S. , 31

罗宾斯 Robbins, L. , 34

罗伯茨 Roberts, K. S. W. , 32, 34

罗伯特森 Robertson, D. H. , 1

若斯 Roos, J. P. , 31

罗森茨韦格 Rosenzweig, M. R., 52, 60

罗斯巴什 Rothbarth, E., 28

S

萨缪尔森 Samuelson, P., 13

斯坎伦 Scanlon, T. M., 22, 24

舒尔茨 Schultz, T. P., 52

西多夫斯基 Scitovsky, T., 6, 29

斯克里姆肖 Scrimshaw, N. S., 6, 17

希尔 Seal, S. C., 53

森古普塔 Sengupta, S., 28, 30, 52, 56, 60

肖洛克斯 Shorrocks, A. F., 18

西奇威克 Sidgwick, H., 2, 12, 36

希尔博 Silber, J., 30

西蒙 Simon, J. L., 29

斯莱斯尼克 Slesnick, 4, 14

斯密 Smith, A., 1, 10, 31

桑南夏恩 Sonnenschein, H. F., 6

斯皮特 Spit, J. S., 29

斯里尼瓦桑 Srinivasan, T. N., 17

斯图尔特 Stewart, F., 30

斯托克 Stoker, T. M., 14

斯特拉斯尼克 Strasnick, S., 34

斯特里滕 Streeten, P., 30

苏哈特梅 Sukhatme, P. V., 17

苏皮斯 Suppes, P., 13, 34

铃村 Suzumura, K., 13

T

丁伯根 Tinbergen, J., 4

汤森德 Townsend, P., 31

图赛尔 Trussell, J., 30

U

乌伊 Uauy, R., 17

乌什塔罗 Uusitalo, H., 31

V

威亚纳桑 Vaidyanathan, A., 30, 54

范德斯塔特 Van de Stadt, H., 29

范艾克 Van Eck, W., 29

范赫瓦登 Van Herwaarden, F. G., 29

范普拉格 Van Praag, B. M. S., 29, 34

范韦伦 Van Weeren, H., 29

维萨瑞阿 Visaria, L., 54

维萨瑞阿 Visaria. P., 54

W

瓦赫特 Wachter, K. W., 30

威尔士 Wales, T. J., 28

万斯比克 Wansbeek, T. J., 29

韦德伯恩 Wedderburn, D., 31

魏马科 Weymark, J. A., 34, 35

怀特 White, I., ix

威廉姆斯 Williams, B., xii, 16, 24, 42

怀斯 Wise, C., ix

Y

雅里 Yaari, M. E., 6

主题索引[*]

A

阿罗不可能性定理和"共同标准"问题 Arrow's impossibility theorem and the "common standard" problem, 35–61

优势 Advantages, 3, 4, 11, 15, 33, 42, 43

B

孟买 Bombay, 62–65

巴西 Brazil, 46–50

---

[*] 主题索引中各条目后所列页码为英文原书页码,即本书边码。

主题索引

C

加尔各答 Calcutta，65-69

能力 Capabilities，ix，8-9，17，17-18，38-39，40-44，45，46-51，52-69

商品的特征 Characteristics of commodities，6，7，7-9，17，45

儿童 Children，28-29，56-57，57-60，62-64

中国 China，46，48，49，50

选择和选择函数 Choice and choice functions，12-13，33，34，42，44，45

间接条件，环境条件 Circumstantial conditioning，14-15，19-20，52-53

商品 Commodities，1，6-11. 16，17，19，26-27，31，36，37，38，45，49-50，53

D

欲望和评价 Desire and valuation，12-13，14-15，19，19-20，20-21，31-32，33，33-34，45

发展 Development，4，18，29-31，31-32，46-51，52-104

占优推理 Dominance reasoning, 20, 21, 35-36, 43-44

E

集合的"简单"评价 "Elementary" evaluation of sets, 39-40, 40-41, 41, 43

等效标度 Equivalence scales, 28-29

应得权益 Entitlements, 8-9, 15-16, 17-18, 38

F

失效计数法则 Failure-counting rule, 40-42

家庭 Family, 28-29, 52-69

人口中的女性-男性比率 Female-male ratio in population, 54-55, 60-61

食品和营养 Food and nutrition, 6-7, 8, 14-15, 15-16, 17-18, 19, 30, 31-32, 49, 53-54, 56-60

自由 Freedom, 3, 4, 8-9, 9-10, 38-39, 43-44, 44, 45

功能性活动 Functionings, ix, 6-7, 8-9, 10-11, 15, 17-21, 23-25, 29-30, 30-32, 33-34, 35, 36-38, 45, 46-51, 52-104

H

幸福 Happiness, 6-7, 7, 8-9, 10, 12, 14-15, 19, 19-20, 33, 33-34, 45

家庭生产函数 Household production function, 10-11, 28-29

I

排序的不完备性 Incompleteness of ranking, 10-11, 20, 20-21, 22-23, 23-25, 33-34, 35, 41, 42

印度 India, 46-51, 52-104

不平等和贫困 Inequality and poverty, 4, 6, 13-14, 15, 19-20, 31-32, 34, 50

信息和证据 Information and evidence, ix, 20-21, 26-32, 33-34

利益 Interest, 1, 3-4, 5, 33-45

效用和福利的人际（人与人之间）比较 Interpersonal comparisons of utility and well-being, 13, 14, 15-16, 20-21, 23, 33-34, 38

L

土地改革 Land reform,56－58,60

识字率和教育 Literacy and education,30,31,46,47,46－48,50

寿命 Longevity,10－11,30,31,46－48,48－49,50

M

市场购买数据 Market purchase data,26－27,27,28,28－29,29,31－32

墨西哥 Mexico,46－48

发病率 Morbidity,10－11,19,30,30－31,46,47,48,52－53,54－55,56－57,61－65,65－69

死亡率 Mortality,30－31,46,48,54－56,60－61,62－65

选择的动机 Motivation for choice,2－4,8－9,12－13,27－28,42－43

N

偏序的数值表达 Numerical representation of

partial orderings，8，12－13，24

O

客观性和主观性 Objectivity and subjectivity，15，22－23

机会 Opportunities，3－4，38－39，41－42

富裕 Opulence，ix，15－16，19，26，26－27，28－29，33－34，37－38，45，49－50

P

偏序 Partial ordering，10－11，20－21，22－25，33－34，35，39－44

公共政策 Public policy，4，48－49，59－60，60－62，62－65

Q

拟位似性 Quasi-homotheticity，34

调查问卷 Questionnaires，29，30，31，32，56，56－60，65－69

R

实际收入 Real income, ix, 4, 15-16, 38, 42, 47, 49-50

反思与评价 Reflection and valuation, 9, 14-15, 16, 19-20, 22-25, 31-32, 36-45

S

集合评价 Set evaluation, 38-45

性别偏见 Sex bias, 4, 14-15, 29, 52-69

评价的伴生性 Supervenience of valuation, 37, 38

U

不确定性 Uncertainty, 38-39, 41, 41-43

城市化 Urbanization, 54-55, 61-65, 66-69, 101-104

功利主义 Utilitarianism, 12, 14-15, 15-16, 20

效用 Utility, ix, 1-3, 7, 10-11, 12-16, 20, 20-21, 26, 28, 29, 31-32, 33, 34, 45, 52-53

主题索引

V

评价 Valuing，8，8－9，9－11，14－15，15－16，19－20，20－21，22－25，31－32，33－34，35－38，39－45

W

福利 Well-being，3，4，8，9，10，11，12，13，14，15，16，17－22，29－32，33－45，46－49，51，52－69

Commodities and Capabilities by Amartya Sen
9780195650389

Simplified Chinese Translation copyright © 2021 by China Renmin University Press Co., Ltd.

Copyright © Amartya Sen 1999

"Commodities and Capabilities" was originally published in English in 1999. This translation is published by arrangement with Oxford University Press. China Renmin University Press is solely responsible for this translation from the original work and Oxford University Press shall have no liability for any errors, omissions or inaccuracies or ambiguities in such translation or for any losses caused by reliance thereon.

Copyright licensed by Oxford University Press arranged with Andrew Nurnberg Associates International Limited

《商品与能力》英文版1999年出版，简体中文版由牛津大学出版社授权出版。

All Rights Reserved.

图书在版编目（CIP）数据

商品与能力／（印）阿马蒂亚·森著；李酣译．－－北京：中国人民大学出版社，2021.4
（诺贝尔经济学奖获得者丛书）
书名原文：Commodities and Capabilities
ISBN 978-7-300-29142-0

Ⅰ．①商… Ⅱ．①阿… ②李… Ⅲ．①商品学 Ⅳ．①F76

中国版本图书馆 CIP 数据核字（2021）第 048958 号

"十三五"国家重点出版物出版规划项目
诺贝尔经济学奖获得者丛书
商品与能力
阿马蒂亚·森　著
李　酣　译
Shangpin yu Nengli

出版发行	中国人民大学出版社		
社　　址	北京中关村大街 31 号	邮政编码	100080
电　　话	010-62511242（总编室）	010-62511770（质管部）	
	010-82501766（邮购部）	010-62514148（门市部）	
	010-62515195（发行公司）	010-62515275（盗版举报）	
网　　址	http://www.crup.com.cn		
经　　销	新华书店		
印　　刷	北京联兴盛业印刷股份有限公司		
规　　格	160 mm×235 mm　16 开本	版　次	2021 年 4 月第 1 版
印　　张	11.25　插页 2	印　次	2021 年 4 月第 1 次印刷
字　　数	83 000	定　价	58.00 元

版权所有　　侵权必究　　印装差错　　负责调换